KB169201

THE ONLY GRAMMAR BOOK YOU'LL EVER NEED

한국어판

THE ONLY GRAMMAR BOOK YOU'LL EVER NEED

한국어판

수전 서먼 지음
윤병엽 옮김

A ONE-STOP SOURCE
FOR EVERY WRITING ASSIGNMENT

머리말

영문법에 필요한 단 한 권의 책이라…… 대단하죠? 이런 책은 정말 대단하겠지요?

이렇게 '겸손한' 제목을 가진 이 책이 왜 영문법에 필요한 단 한 권의 책인지를 설명하기에 앞서 여러분에게 문법 책이 왜 필요한지 설명해보겠습니다.

아마 영어 시간에 영어의 8품사니 현수분사dangling participles니 하는 것들을 들어봤을 겁니다. 하지만 선생님이 아무리 칠판 가득 문장 구조를 분석한 도표를 그려 설명을 해도 그게 머리에 들어오지는 않았을 겁니다. (만일 당신의 모국어가 영어가 아니라면, 당신은 이런 식의 지도마저도 받지 못했겠지요.) 어쩌면 배울 때는 안다고 느꼈을 수도 있습니다. 그렇지만 영문법의 이런 애매하고 세세한 점들은 이제 당신에게 골칫거리가 될 뿐이겠죠. 이제 여러분이 글을 작성해야 하는 상황을 상상해보십시오.(학교에서, 직장에서 또는 개인적인 목적으로 작성하는 논문, 편지, 메모 등.) 어떻게 시작할지 확신이 없을 수도, 어떻게 마무리를 지을지 자신이 없을 수도 있습니다.

이 책은 문법을 논하고 이해하는 데 필요한 용어, 중요한 규칙과 예외 사항, 그리고 작문을 할 때 가장 흔히 범하는 오류와 이를 피하는 방법을 안내합니다. 또한 공문, 격식을 갖춰야 하는 과제 등 다양한 작문 상황에도 도움을 줍니다. 작성한 이메일을 전송하기 전 검토하는 상황을 상상해봅시다. (항상 이렇게 하시죠?) 이 책을 읽은 후 여러분은 빠진 단어, 부적절한 언어, 불명확한 참고 문헌, 잘 틀리는 맞춤법 등을 좀더 쉽게 알아차릴 수 있을 것입니다.

이 책이 영문법에 필요한 단 한 권의 책일 수는 있지만 작문을 하는 데 필요한 유일한 책은 아닐 겁니다. 하드커버로 된 좋은 사전은 책상 위에 둬야 할 필수 참고서며, 유의어 사전은 적절한 단어가 떠오르지 않을 때 시간을 절약하는 데 도움이 될 것입니다. 특정한 목적의 글을 쓸 때는 (특히 학문적 글쓰기의 경우) 제10장에 소개한 것과 같은 문체 교본이 필요할 수도 있습니다. 하지만 문법과 관련된 까다로운 문제를 해결하고, 자칫 범할 수 있는 실수를 줄이며, 생각을 정리해 글쓰기를 시작하는 데 있어 이 책은 여러분이 필요로 하는 모든 도구를 제공할 것입니다.

CONTENTS

CONTENTS

CHAPTER 7 더 나은 문장 쓰기

CHAPTER 8 흔한 실수 피하기

CHAPTER 9 본격적으로 작문하기: 초고 쓰기와 고쳐쓰기

CHAPTER 10 글의 구성: 에세이, 요약문, 보고서 등의 작성법

CHAPTER 1

적절한 어휘 찾기

작가가 범할 수 있는 가장 치명적인 실수는 아마도 단어나 철자를 잘못 쓰는 일일 겁니다. 이러한 실수가 반복되면 독자들이 작가가 전달하는 메시지에 신뢰를 잃을 수도 있기 때문입니다.

지금부터 소개할 내용은 영어 철자법의 기본 규칙과 가장 흔히 잘못 쓰는 단어들입니다. 도움이 더 필요한 경우 부록 1을 참고하시기 바랍니다. 철자법을 잘 아는 이들도 쉽게 헷갈릴 수 있는 1001개 단어의 올바른 철자법을 제공합니다.

맞춤법에 맞게 글쓰기

여러분은 아마도 초등학교 때 아래와 같은 맞춤법 규칙을 배웠을 것입니다.

e 앞에 i,

c 다음일 땐 예외,

또는 a 소리를 낼 때,

neighbor 또는 weigh와 같은 경우

이는 대부분의 경우 유용한 규칙입니다. Beige, ceiling, conceive, feign, field, inveigh, obeisance, priest, receive, shield, sleigh, weight 등의 단어에 이 규칙이 적용됩니다.

하지만 이 단어들을 보시죠. Ancient, being, caffeine, either, feisty, foreign, height, leisure, protein, reimburse, science, seize, society, sovereign, species, sufficient, weird.

예외인 단어들이 상당히 많죠?

다음은 영어의 명사에 일반적으로 적용할 수 있는 규칙입니다. 모든 규칙에는 예외가 있지만(대부분 하나 이상의 예외가 있습니다) 다음 규칙들은 유용한 지침이 되어줄 것입니다.

명사의 복수형 만들기

1. 영어 단어 중에 -s, -z, -x, -sh, -ch 또는 -ss로 끝나지 않는 대부분의 단어는 복수형을 만들 때 단어 끝에 s를 붙입니다.

desk=desks, book=books, cup=cups

2. 영어 단어 중에 -s, -z, -x, -sh, -ch 또는 -ss로 끝나는 대부분의 단어는 복수형을 만들 때 단어 끝에 -es를 붙입니다.

bus=buses, buzz=buzzes, box=boxes, dish=dishes, church=churches, kiss=kisses

위 규칙에도 예외가 있는데 quizzes, frizzes, whizzes 같은 단어들이 이에 속합니다. (이러한 경우에는 -z를 두 번 쓴다는 것에 주목하기 바랍니다.)

3. 영어 단어 중에 -o로 끝나는 단어의 복수형을 만들 때는 단어 끝에 -es를 붙입니다. (이를 퀘일Quayle의 규칙이라고도 합니다.)

potato=potatoes, echo=echoes, hero=heroes, veto=vetoes

흥미롭게도 단어 끝에 -s만 붙이는 경우도 있습니다.

auto=autos, alto=altos, two=twos, zoo=zoos, piano=pianos

또한 -o로 끝나는 단어의 복수형 중에는 두 규칙을 모두 쓸 수 있는 경우도 있습니다.

buffalo=buffaloes/buffalos, cargo=cargoes/cargos, ghetto=ghettos/ghettoes

4. 영어 단어 중에 자음+ -y로 끝나는 대부분의 단어는 복수형을 만들 때 y를 i로 바꾸고 -es를 더합니다.

lady=ladies, candy=candies, penny=pennies

5. 영어 단어 중에 모음+ -y로 끝나는 대부분의 단어는 복수형을 만들 때 -s를 더합니다.

joy=joys, Monday=Mondays, key=keys, buy=buys

6. 영어 단어 중에 -f 또는 -fe로 끝나는 대부분의 단어는 복수형을 만들 때 f를 v로 바꾸고 -es를 더합니다.

knife=knives, leaf=leaves, wife=wives, wolf=wolves

이 규칙에도 예외가 있는데 oaf, chef, cliff, belief, tariff, plaintiff, roof, chief와 같은 단어들이 이에 해당합니다. 이런 단어들은 끝에 -s를 더해서 복수형을 만듭니다.

7. 복수형을 만들 때 특수한 형태를 취하는 단어들도 있습니다.

child=children, mouse=mice, foot=feet, person=people, tooth=teeth, ox=oxen

8. 외래어(예를 들어, 그리스어 또는 라틴어에서 유래된 단어)는 많은 경우 불규칙 복수 형태를 지닙니다. 어떠한 경우에는 규칙 그리고 불규칙 복수 형태 모두 사용할 수 있습니다.

alumnus alumni

analysis analyses

focus focuses 또는 foci

index indexes 또는 indices

9. 어떤 단어들은 단수형과 복수형이 같습니다.

deer, offspring, crossroads, headquarters, cod, series

접두사 및 접미사 붙이기

1. -x로 끝나는 단어들은 접미사를 붙여도 변하지 않습니다.

fax=faxing, hoax=hoaxed, mix=mixer

2. -c로 끝나는 단어들 중에서 c 앞에 오는 철자가 a, o, u 또는 자음이면 접미사를 붙여도 변하지 않습니다.

talc=talcum, maniac=maniacal

3. -c로 끝나는 단어들 중 c 앞에 오는 철자가 e 또는 i이고 c의 발음이 어려울 경우(c가 경음일 경우) 접미사를 붙일 때 보통 c 뒤에 k를 덧붙입니다.

picnic=picnickers, colic=colicky, frolic=frolicking

4. -c로 끝나는 단어들 중에서 c 앞에 오는 철자가 e 또는 i이고 c가 연음일 경우 접미사를 붙여도 보통 변하지 않습니다.

critic=criticism, clinic=clinician, lyric=lyricist

5. 단자음으로 끝나는 단어 중 마지막 철자 앞에 하나 이상의 무강세 모음이 있을 경우, 어떠한 접미사가 붙어도 대부분 변하지 않습니다.

debit=debited, credit=creditor, travel=traveled

물론 다음과 같은 예외는 있습니다.

program=programmed, format=formatting,

crystal=crystallize

6. 접두사를 붙여 새로운 단어를 형성할 때, 어원은 보통 변하지 않습니다.

spell=misspell, cast=recast, approve=disapprove

그러나 어떤 경우에는 하이픈을 활용해 복합어를 만듭니다. 접두사의 마지막 글자와 연결하려는 단어의 첫 글자가 같은 모음일 경우, 접두사가 고유명사에 덧붙여지는 경우, 접두사와 어원을 결합하여 만든 복합어를 철자가 같지만 뜻이 다른 단어와 구별해야 할 경우가 이에 해당합니다.

anti-institutional, mid-March, re-creation(recreation과의 구별)

7. -y로 끝나는 단어에 접미사를 붙일 때, y 앞이 자음일 경우 y를 i로 바꿉니다.

carry=carrier, irony=ironic, empty=emptied

이 규칙은 -ing를 붙일 때는 적용되지 않는다는 것에 주의해야 합니다.

carry=carrying, empty=emptying

또한 -y 앞에 모음이 오는 단어들에도 이 규칙이 적용되지 않습니다.

delay=delayed, enjoy=enjoyable

8. 두 개 이상의 단어가 결합하여 형성된 합성어는 보통 각 단어의 원래 철자를 유지합니다.

cufflink, billfold, bookcase, football, payday

9. 만약 단어가 -ie로 끝나면 -ing를 붙이기 전에 -ie를 -y로 바꾸세요.

die=dying, lie=lying, tie=tying

10. 단어 끝에 -full을 붙일 경우 끝을 -ful로 바꾸세요.

armful, grateful, careful, useful, colorful

—미국식 영어와 영국식 영어

여러분은 아마도 영국식 영어와 미국식 영어에서 같은 뜻이지만 다른 단어가 쓰이는 경우가 종종 있다는 사실을 알고 있을 겁니다. 예를 들어, 미국인들이 french fries라고 부르는 것을 영국에서는 chips라고 하고, 미국인들이 truck이라고 부르는 것을 영국에서는 lorry라고 합니다. 하지만 철자법에도 많은 차이가 있다는 것을 알고 있나요? 다음은 미국식 영어와 영국식 영어의 철자법 차이를 보여주는 몇 가지 예입니다.

미국식 영어	영국식 영어
airplane	aeroplane
center	centre
color	colour
draft	draught
gray	grey
jail	gaol
labor	labour
spelled	spelt
theater	theatre
tire	tyre

흔히 혼동하는 단어

특정한 단어들에 대한 조언advice이('advise'가 맞을까요?) 필요하십니까? Alumni, alumnae, alumnus, alumna 간에between(아니면 '중에서among'일까요?) 올바른 단어를 선택할 수 있는 여러분의 실력에 자신이 있으십니까feeling alright(아니면 'all right')?

걱정하지 마세요! 아래에는 흔히 혼동하거나 잘못 쓰이는 단어의 목록과 각 단어의 올바른 사용법에 대한 설명이 나와 있습니다.

a, an: A는 자음으로 시작하는 단어 앞에 사용합니다. (예를 들어 a pig, a computer.) An은 모음으로 시작하는 단어 앞에 사용합니다. (예를 들어 an earring, an integer.) 단어의 첫 음운의 발음이 차이를 만듭니다. Habit은 h의 소리가 자음인 h로 발음되기 때문에 a habit이라고 적습니다. 반면, honor의 h는 묵음으로 발음하지 않고 모음인 o로 발음되기 때문에 an honor로 적습니다.

What an honor it is to meet a history expert like you.

당신과 같은 역사 전문가를 만나 뵙게 되어 영광입니다.

a lot, alot, allot: 우선 alot이라는 단어는 없습니다. 만약 많은 사람을 표현하고자 한다면, a lot을 사용합니다. 만약 '할당하다allocate'의 뜻으로 쓸 때에는 allot을 사용합니다. allot=allocate로 기억하면 도움이 됩니다.

Tomorrow night, the mayor will allot a lot of money for various municipal projects.

내일 밤, 시장은 각종 시市 프로젝트에 많은 자금을 할당할 것입니다.

accept, except: Accept는 '믿다/참다/맡다/동의하다' 등 여러 가지 뜻을 가지고 있습니다. Except는 '…를 제외하고'라는 뜻을 가지고 있습니다. 여러분의 문장에서 except를 excluding으로 대체해도 의미에 변함이 없을 경우 except를 사용할 수 있습니다.

Except for food for the volunteers, Doris would not accept any donations.

도리스는 봉사자들을 위한 음식을 제외하고는 어떠한 기부도 받지 않았다.

adapt, adopt: to adapt는 '상황에 적응하다'라는 뜻이고, to adopt는 '받아들이다'와 '입양하다'라는 뜻이 있습니다.

After the couple adopted the baby, they learned to adapt to having little sleep.

부부는 아기를 입양한 다음부터 아기 때문에 밤잠을 설치는 상황에 적응해야 했다.

advice, advise: Advise는 조언과 충고advice를 하는 행위를 말합니다. 다음 기억법을 활용하면 좋습니다. 누군가에게 조언하기 advise 위해서는 지혜로워야wise 합니다. 좋은 조언advice은 얼음 ice 위에서 운전하듯 조심스럽게 해야 합니다.

Grandpa tried to advise me when I was a youngster, but I wouldn't listen to his advice.
할아버지께서는 내가 어렸을 때 나에게 조언을 해주려고 노력하셨지만, 나는 할아버지의 조언을 귀담아 듣지 않았다.

affect, effect: Affect는 대부분 동사로 (동작이나 작용을 나타내기 위해) 쓰입니다. 보통 '변화시키다' '바꾸다' 또는 '(어떤 형태로) 만들다/빚다'는 뜻입니다. 동사로 쓰일 경우 강세의 위치는 첫 음절에 있습니다. Effect는 거의 대부분 명사로 쓰입니다. '결과' 또는 '효과' '느낌'을 뜻합니다. (Effect는 동사로는 거의 사용되지 않지만, 동사로 사용할 경우에는 '달성하다' 또는 '(어떤 결과를) 가져오다'를 뜻합니다.)

The effect of the announcement of impending war will not affect Adam's decision to join the military.
전쟁이 임박했다는 발표 결과는 입대하겠다는 애덤의 결정에 어떠한 영향도 미치지 않을 것이다.

aggravate, annoy: 만약에 '성가시게 하다' 또는 '짜증나게 하다'라는 뜻으로 쓰고 싶으면 annoy를 씁니다. Aggravate는 '과장하다' 또는 '악화시키다'라는 뜻으로 쓰입니다.

Steven was annoyed when his boss aggravated the

situation by talking to the press.

스티븐은 직장 상사가 언론에 얘기해 상황을 더 악화시켜서 짜증이 났다.

aid, aide: 누군가를 돕는다면 aid를 하는 것입니다. 누군가가 도움을 주고 있거나 지지자가 있다면 당신은 보좌관an aide이 있는 것입니다.

The aid from my aide is invaluable.

나의 보좌관으로부터 받는 도움은 매우 유용하다.

all ready, already: '모든 것이 준비되었다all is ready'라는 뜻으로 쓰고 싶으면 all ready를 쓰고, '이미' 또는 '벌써'라는 뜻으로 쓰고 싶으면 already를 씁니다.

I already told you we're all ready to go out to dinner!

우리는 저녁 식사하러 나갈 준비를 마쳤다고 내가 이미 말했잖아!

all right, alright: alright로 잘못 표기된 경우를 많이 접했을 것입니다. All right는 항상 두 단어로 사용합니다. Aleft 또는 alwrong이라는 말이 없듯이 alright도 없는 단어입니다.

Is it all right with you if we eat in tonight?

집에서 저녁 식사를 해도 괜찮겠습니까?

all together, altogether: All together는 '동시에' 또는 '모두 함께'라는 뜻이고, altogether는 '완전히' '전부' 또는 '전적으로'라는 뜻입니다. 만약 문장 내에서 altogether를 entirely 또는 wholly로

바꾸어 썼는데 문장의 의미가 달라지지 않는다면 altogether를 사용할 수 있습니다.

You're altogether wrong about the six friends going all together to the dance; each is going separately.
여섯 명이 모두 함께 댄스파티에 간다는 네 생각은 완전히 틀렸어. 각자 따로 간대.

alumni, alumnae, alumnus, alumna: 한 명의 남자 졸업생은 an alumnus, 한 명의 여자 졸업생은 an alumna, 여러 명의 여자 졸업생들은 alumnae, 그리고 여러 명의 남자 졸업생들 또는 여자와 남자 졸업생들을 alumni라고 합니다. 위의 네 단어 모두를 줄여서 일상적으로 alum(또는 alums)라고도 합니다.

Although Mary Jo and her sisters are alumnae from Wellesley, Mary Jo is the alumna who receives the most attention; her brothers Martin and Xavier are alumni of Harvard, but Martin is a more famous alumnus than Xavier.
메리 조와 그녀의 여자 형제들은 모두 웰즐리 졸업생들이지만, 메리 조가 가장 많은 주목을 받는 졸업생입니다. 그녀의 남자 형제인 마틴과 하비어는 하버드 졸업생들이지만 마틴이 하비어보다 더 유명한 졸업생입니다.

allusion, illusion: Allusion은 '언급' 또는 '암시'라는 뜻입니다. Illusion은 '오해' '착각' 또는 '환각'을 뜻합니다.

Kay told Jerry that she was under the illusion he would be her Prince Charming; Jerry didn't understand the allusion.

케이는 제리에게 그가 자신의 완벽한 남자 친구가 되어줄 것이란 착각에 빠졌었다고 말했다. 제리는 그것이 암시하는 바를 전혀 이해하지 못했다.

among, between: 나눗셈에 비유할 때, 두 사람이 무엇인가를 나누는 경우 between을 사용하고 셋 이상의 사람이 관련되어 있는 경우 among을 활용합니다. Between에 둘two의 tw가 있다는 점과 among의 g가 그룹group의 첫 글자와 같다는 것을 기억해도 도움이 됩니다.

The money was divided between Sarah and Bob; the land was divided among Billy, Henry, and Janice.

돈은 세라와 밥이 나눴고 땅은 빌리, 헨리, 재니스가 나눠 가졌다.

anybody, any body: Anybody는 '어떤 한 사람'이라는 뜻입니다. 그래서 일반적으로 anyone과 교체가 가능합니다. Any body는 '어느 시체'를 의미합니다.

Anybody can help to search for any body that might not have been found in the wreckage.

사고 잔해 속에서 아직 찾지 못한 시신을 수색하는 데 누구나 도움을 줄 수 있습니다.

bad, badly: 여러분의 심정에 대해 글을 쓸 때는 bad를 활용하세요. 반면 여러분이 일을 어떻게 수행했는지 또는 어떻게 반응했는지에 대해 글을 쓸 때는 badly를 활용해야 합니다. (발목을 심하게 삐었다twisted your ankle badly, 형편없는 경기를 했다played badly in the game.)

Gregg felt bad he had scored so badly on the test.

그레그는 시험에서 형편없는 점수를 받아서 기분이 안 좋았다.

bear, bare: 곰bear은 당신의 귀ear를 물어뜯을tear off 수 있습니다. 만약 벌거벗었으면bare 당신은 나체 상태nude입니다.

The bare bathers were disturbed when the grizzly bear arrived.

벌거벗은 채 수영하던 사람들이 회색곰이 나타나자 몹시 불안해했다.

besides, beside: 만약 '…에 더하여' '…일 뿐 아니라'라는 뜻의 단어를 원하면 beside 끝에 s가 추가된 besides를 씁니다. Beside는 '곁에' '가까이'라는 뜻입니다.

Besides her groom, the bride wanted her dad beside her in the photo.

신부는 기념사진을 찍을 때 신랑뿐만 아니라 그녀의 아버지도 자기 옆에 있기를 원했다.

breath, breathe: 한 번 들이쉬는 숨은 breath이고 숨을 들이쉬고 내쉬는 것은 breathe(숨을 쉬다exhale)입니다.

In the cold of the winter, it was hard for me to breathe when taking a breath outside.

엄동설한에 밖에서 숨을 들이마시면서 호흡하는 것은 힘들었다.

can, may: 물리적으로 무엇인가를 할 수 있다면 이때는 can을 사용합니다. 한편 무엇을 하기 위해 허락을 받은 경우라면 may를 사용합니다.

You can use *ain't* in a sentence, but you may not.

Ain't는 문장에 (이론적으로) 쓰일 수는 있지만 허용되지는 않는다.

cannot, am not, is not, are not, and all other 'nots': 어떤 이유에선지는 모르겠지만 cannot은 한 단어로 씁니다. Cannot 외에 not이 쓰이는 단어들은 모두 두 단어로 씁니다.

capital, capitol: Capitol은 입법부 건물입니다. 워싱턴에 위치한 입법부 건물을 가리킬 때는 대문자 C를 써야 합니다. 미국 50개 주에 위치한 입법부 건물을 가리킬 때는 소문자 c를 쓰기 바랍니다. 입법부 건물(o가 있는 Capitol)은 보통 돔dOme 형태의 지붕이라는 점을 통해 기억해보세요. 이 외의 뜻을 나타낼 때는 capital을 사용해야 합니다.

The capital spent by the legislators at the capitol is appalling.

국회의사당 안에 있는 국회의원들이 쓴 자금은 충격적이다.

carat, caret, carrot, karat: Carat은 다이아몬드 등 보석류의 무게 단위입니다. Carat은 또한 karat의 대체 철자입니다. Karat은 순금 함유도를 나타내는 단위입니다.(18k에서 k가 바로 karat을 의미합니다.) Caret은 교정상의 탈자(삽입 지시) 기호(^)입니다.(그 지점에 무엇인가를 삽입해야 함을 의미합니다.) 마지막으로 carrot은 어머니가

늘 먹으라고 하셨던 오렌지색 야채를 가리킵니다.

Set in an eighteen-karat gold band, the five-carat diamond was shaped like a carrot.

18k 금반지에 박은 5캐럿 다이아몬드는 당근 모양이다.

cite, sight, site: sight는 당신이 눈으로 보는 것 또는 시야에 들어오는 것입니다. (당신은 당신의 시력sight을 이용해서 아름다운 광경sight을 봅니다.) 특정 자료를 참고할 때는 인용cite을 합니다. Site는 물리적인 장소 또는 인터넷 상의 주소(웹사이트)를 의미합니다.

The colors on the Web site you cited in your paper were a sight to behold.

당신의 논문에서 인용한 웹사이트에 나오는 색깔들은 근사했다.

CHAPTER 1

coarse, course: 어떤 것이 coarse하다는 것은 거칠다는 뜻입니다. 노oars는 거칠지요. Course는 '항로/방향'이나 '강좌'를 의미하며, 관용어구 'of course'의 일부로 사용되기도 합니다.

The racecourse led the runners over coarse terrain.

경주장은 주자들을 거친 지형으로 이끌었다.

complement, compliment: 어떤 것을 완전하게 만들거나 보완하는 것은 complement하는 것입니다.(complete=complement) 만약 칭찬을 받았다면 당신은 compliment를 받은 것입니다. (나는 칭찬compliment을 받는 것을 좋아한다.)

The jewelry will complement the outfit the star will wear,

and she will surely receive many compliments on her attire.

이 액세서리는 그 연예인이 입을 의상을 더 돋보이게 할 것이며, 그녀는 분명 옷차림에 관해 많은 찬사를 받을 것이다.

council, counsel: Council은 공식 기구 또는 위원회입니다. Counsel은 동사로서 '조언하다'라는 의미로 사용합니다. (증권 중개인이 주식을 팔라고**sell** 조언을 했다**counseled.**)

The town council decided to counsel the youth group on the proper way to ask for funds.

시의회는 자금을 요청하는 적절한 방식에 대해 청년회에게 조언하기로 결정했다.

desert, dessert: Desert는 건조한 사막 지역을 뜻하거나 (주로 복수 형태로) 당연한 응보, 어떤 행위에 상응한 상벌을 뜻합니다. '떠나다' '도망치다' 등의 의미로도 동사 desert가 쓰입니다. 매우 달콤한 **s**o **s**weet 디저트에 관해 말할 때에는 de**ss**ert를 씁니다.

While lost in the desert, Rex craved a dessert of apple pie à la mode.

사막에서 길을 잃고 방황할 때 렉스는 아이스크림을 얹은 애플파이를 간절하게 원했다.

discreet, discrete: Discreet는 '행동이 신중한' 또는 '조심스러운'이라는 뜻입니다. (당신이 누구와 어울릴 것인지meet 신중하게discreet

생각하기 바랍니다.) Discrete는 '(같은 종류의 다른 것들과) 별개의'라는 뜻입니다.

The dancer's discreet movements were discrete from those performed by the rest of the chorus.

무용수의 조심스러운 움직임은 다른 코러스 단원들의 움직임과는 달랐다.

dual, duel: Dual은 '두 부분으로 된' '이중의'라는 뜻입니다.(이중 목적dual purposes이란 표현을 사용할 때와 같이.) Duel은 두 사람 또는 집단 사이의 다툼이라는 뜻입니다. (애인의 질투가 싸움duel을 부채질했다fuel.)

There were dual reasons for the duel: revenge and money.

분쟁이 일어난 두 가지 이유는 복수와 돈 관계였다.

emigrate, immigrate: Emigrate는 '이민 가다' '(다른 나라로) 이주하다'라는 뜻입니다. (Exit의 E로 기억해도 좋습니다.) Immigrate는 '(다른 나라로) 이주해 오다'라는 뜻입니다. (Into의 I로 기억해도 좋습니다.)

Ten people were trying to emigrate from the tyranny of their country and immigrate to the United States.

열 명의 사람이 자신들 국가의 압제로부터 벗어나기 위해 미국으로 이주하려 했다.

ensure, insure: Ensure는 '반드시 …이도록 하다' '보장하다'라는 뜻입니다. Insure는 업무 목적으로만 쓰이는 단어로 '(자동차 보험과 같은) 보험에 가입하다'라는 뜻입니다.

To ensure that we continue to insure your house and car, send payment immediately.

당신의 집과 차에 대한 보험 연장을 확실히 보장하려면 보험료를 즉시 납부하시기 바랍니다.

envelop, envelope: 무엇인가를 싸거나 포장하는wrap 의미를 나타낼 때에는 envelop을 씁니다. 편지를 넣는 봉투가 envelope입니다.

The hidden purpose of the envelope was to envelop the two sticks of candy that were mailed to me.

봉투의 숨겨진 목적은 내게 우편으로 보내진 사탕 두 개를 싸는 것이었다.

everyday, every day: Everyday는 '일상적인' '매일의'라는 뜻입니다. ('늘 낮은 가격'과 같은 경우.) Every day는 '매일'이라는 뜻입니다. ('매일 낮은 가격'과 같은 경우.) 매일이라는 의미를 나타낼 경우 single과 같은 단어를 붙여 사용하기 바랍니다. (예를 들어 every single day.)

The everyday inexpensive prices of the store meant that more shoppers came every day.

상점 물건들의 가격이 늘 낮은 것은 매일 더 많은 고객이 방문했음을 의미한다.

faze, phase: Faze는 '당황시키다/겁을 주다/불안하게 만들다'라는 뜻입니다. 명사로서 phase는 '(변화 · 발달 과정상의) 한 단계/시기/국면'을 의미하며 동사로서 phase는 단계적으로 일을 진행하는 행위를 의미합니다.

I wasn't fazed by his wish to phase out our relationship.

나는 우리의 관계를 단계적으로 단절하고자 하는 그의 의도에 동요하지 않았다.

fewer, less: Fewer는 복수 명사 앞에, less는 단수 명사 앞에 씁니다.

The new product has fewer calories, but less fat.

신제품은 칼로리가 낮을 뿐만 아니라 지방 함량도 낮다.

forego, forgo: 앞에 가다, 앞서다before라는 의미로 쓸 때는 forego를 씁니다. (처음부터 알고 있는 결론, 뻔한 결과foregone conclusion와 같은 경우.) '(하고/갖고 싶은 것을) 포기하다'라는 의미의 단어를 원한다면 e가 없는 forgo를 쓰기 바랍니다.

It's a foregone conclusion that Meg and Marion will forgo sweets when they're dieting.

메그와 마리온이 다이어트 중 단것을 포기한 것은 당연한 일이다.

foreword, forward: foreword는 책의 짤막한 서문을 의미합니다. (주로 책의 중요한 첫 단어word 전에before 나옵니다.) 이 외의 의미를 나타낼 때는 forward를 씁니다.

To gain insight into the author's intent, you should read the

foreword before you proceed forward in the book.
작가의 의도를 깊이 있게 이해하기 위해서는 책의 본문을 읽기에 앞서 서문을 읽어봐야 합니다.

good, well: Good은 형용사입니다. '고품질의/고급의' 또는 '바르게/정확하게'를 뜻하지는 않습니다. 따라서 이러한 의미를 전달하고자 할 경우 부사인 well을 쓰기 바랍니다.

You did well on the test; your grade should be good.
시험을 잘 봤기 때문에 성적이 잘 나올 것이다.

hear, here: 우리는 귀ear를 통해 듣습니다hear. Here(여기에)는 there(거기에)의 반대입니다.

Did you hear that Aunt Lucy is here?
루시 이모가 여기에 있다는 소식을 들었니?

Hopefully: '바라다, 희망하다'라는 의미를 전달할 때는 동사 hope를 사용합니다. Hopefully는 '확신을 갖고' 또는 '바라건대'라는 뜻입니다.

The director waited hopefully for the Oscar nominations to be announced.
감독은 오스카상 후보작 발표를 기대에 찬 상태로 기다리고 있었다.

imply, infer: 두 단어 모두 무엇을 직접적으로 말하지 않는다는 공통점이 있습니다. 하지만 imply는 화자가 무엇을 암시한다는 것을 가리키는 반면 infer는 청자가 화자의 말로부터 어떤 결론을 도출해내는 것을 가리킵니다. 즉, 화자는 무엇인가를 암시하고 청자는 화자의 말로부터 어떤 결론을 도출해냅니다.

Rufus thought the boss had implied that she would be back for an inspection next week, but Ruth did not infer that.

루퍼스는 직장 상사가 다음 주에 검사 차 재방문할 것임을 넌지시 나타냈다고 생각했으나, 루스는 그렇게 받아들이지 않았다.

in, into: In은 '(지역·공간 내의) …에/에서'라는 의미에서는 within과 같습니다. Into는 '… 안으로/속에'라는 뜻으로 '밖에서 안으로'를 의미합니다.

Go into the house, go in my purse, and bring me money.

집 안에 들어가서 내 지갑에서 돈을 꺼내 와줘.

its, it's: It's는 오직 'it is'의 뜻으로만 쓰입니다. Its는 '(사물/동물을 가리켜) 그것의'라는 뜻입니다.

It's a shame that the dog lost its bone.

강아지가 개껌를 잃어버려 딱하다.

lay, lie: '놓다/두다' 등을 뜻하는 lay는 타동사로 목적어를 필요로 합니다. 이제야 나는 베개 위에 내 머리를 내려놓는다lay. 어젯밤 나는 베개 위에 내 머리를 내려놓았다laid. 과거에 나는 베개 위에 내 머리를 내려놓았었다laid. '눕다/놓여 있다' 등을 뜻하는 lie는 자동사로 목적어가 필요 없습니다. 나는 오늘 태양 아래 누워 있다lie.

나는 어제 태양 아래 누워 있었다lay. 나는 과거에 태양 아래 누워 있었었다lain.

As I lay in bed, I wondered where I had laid my watch.

침대에 누우면서 내 손목시계를 어디에 놓았는지 되짚어보았다.

loose, lose: Loose는 (올가미라는 뜻의 noose와 라임을 이루며) '풀린' '헐거워진'이라는 뜻을 가집니다. Lose는 '찾다find'의 반의어로 '잃어버리다/분실하다'라는 뜻입니다.

Will I lose my belt if it's too loose?

허리띠를 너무 느슨하게 매면 잃어버릴까요?

may of, might of, must of, should of, would of, could of: 우리가 일상생활에서 대화할 때 이 구절들을 불분명하게 발음하기 때문에 마치 of로 끝나는 것처럼 들리지만 사실은 모두 have로 끝납니다. 이들의 올바른 형태는 **may have, might have, must have, should have, would have, could have**입니다.

I must have thought you would have been able to find the room without any directions.

나는 네가 그 방을 (길) 안내 없이 찾을 수 있을 것이라고 생각했었나봐.

pair, pear: 첫 번째 단어는 숫자 2와 관련된 의미를 나타내며 ('한 쌍의 판다' '춤을 추기 위해 짝을 이루다'와 같은 경우), 두 번째 단어는 과일 배를 가리킵니다. (배pear를 먹는다eat.)

The romantic pair bought a pear to share on the picnic.

연인 한 쌍이 나들이에서 나눠 먹을 배를 샀다.

passed, past: Passed는 동사이며, past는 형용사(past는 흔히 '지난last'이라는 뜻입니다) 또는 명사로서 과거, 지난날을 뜻합니다.

In the past, twenty Easter parades have passed down this street.

과거에는 스무 개의 부활절 퍼레이드가 이 거리를 지나갔다.

peak, peek, pique: Peak는 '꼭대기/정상'이라는 뜻이고(PEAK에서 A의 모양을 통해 산봉우리를 연상하기 바랍니다), peek는 '(재빨리) 훔쳐보다/살짝 엿보다'라는 뜻이며(보다see의 ee로 기억하면 됩니다), pique란 동사는 '흥미, 호기심 등을 자극하다'라는 뜻입니다.

Dan tried to pique Lora's interest in climbing by telling her that she could peek through the telescope when they reached the mountain's peak.

댄은 등산에 대한 로라의 흥미를 돋우기 위해 산 정상에 오르면 망원경을 통해 주변 광경을 볼 수 있을 거라고 말했다.

pore, pour: '열심히 독서/연구하다'라는 의미를 전달할 때는 pore를 씁니다. 반면 액체를 용기에서 '(특히 그릇을 비스듬히 기울여) 붓다/따르다'라는 의미를 전달할 때는 pour를 씁니다.

After Harry accidentally poured ink on the new floor, he pored over several books to find out how to clean the stain.

헨리는 실수로 새 바닥에 잉크를 쏟았고, 어떻게 하면 얼룩을 지울 수 있는지 알아내기 위해 여러 권의 책을 열심히 읽었다.

principle, principal: Principle은 '(법·규정·이론 등의 기본이 되는) 원칙/원리'를 뜻합니다. Principal은 '주요한/주된' 또는 '학장/총장'을 뜻합니다. 또한 '(꿔주거나 투자한) 원금'을 뜻하기도 합니다. Princi**pal**은 교장 선생님입니다. 그는 여러분의 친구pal이며 중요한 결정들을 내립니다.

That is the most important principle our principal believes.

그것은 저희 교장 선생님께서 가장 중요하게 여기시는 원칙입니다.

quiet, quite: Quiet는 '고요한/조용한' 또는 '잠잠해지다'라는 뜻이며 quite는 '(어느 정도를 나타내는) 꽤, 상당히'라는 뜻입니다. 사용하고자 하는 단어의 마지막 부분을 꼭 살펴보기 바랍니다. 보통 여기서 두 단어를 혼동하는 실수를 하게 됩니다. 지구를 방문하는 E.T.가 얼마나 조용해야qui**et** 하는지 생각하면 됩니다.

Are you quite sure that you were quiet in the library?

도서관에서 정숙하셨다고 정말 확신하십니까?

Real, really: Real은 '진짜의/실제의' '현실적인' '실재하는'이라는 뜻이고 really는 '실제로, 진짜로'라는 뜻입니다. 비격식 어조로 쓰는 몇몇의 경우를 제외하고는 작문 시 very의 의미로 real 또는 really를 사용해서는 안 됩니다. (라디오에 나오는 저 노래 아주 좋다 that's a real good song on the radio, 네가 저 채널을 틀어서 난 매우 기쁘다I'm really glad that you tuned to that station와 같은 경우.)

When I realized I was really lost, the real importance of carrying a compass hit me.
내가 정말로 길을 잃었다고 깨달은 순간, 나는 나침반을 들고 다니는 것의 중요성을 절실히 깨달았다.

set, sit: '(특정한 장소·위치에) 놓다'라는 뜻일 때는 set을 씁니다. '앉다'라는 뜻일 때는 sit을 씁니다. 덧붙여 set은 타동사이며(반드시 뒤에 목적어가 있어야 합니다), sit은 자동사입니다.(목적어를 필요로 하지 않습니다.)

Please set the table before you sit down.
앉기 전에 식탁을 차려주세요.

CHAPTER 1

stationery, stationary: '움직이지 않는, 정지된'이라는 의미를 전달할 때는 stationary를 씁니다. 편지지Lett**er**에 글씨를 쓸 때 사용하는 문구류를 뜻할 때는 station**ery**를 씁니다.

The stationery store had a picture of people riding stationary bicycles.
문구점에는 페달 운동기를 탄 사람들의 사진이 있었다.

supposed (to): '(규칙·관습 등에 따르면) …하기로 되어 있다/해야 한다'라는 뜻입니다. Supposed to에서 -d를 빼먹은 상태로 잘못 쓰는 경우가 종종 있으니 이에 유의하기 바랍니다.

In this job, you are supposed to be able to write clear and effective memos.

당신이 맡은 업무를 잘 수행하기 위해서는 알아보기 쉽고 효과적인 메모를 쓸 수 있어야 합니다.

than, then: '그때(과거·미래의 특정한 때)' '그 다음에' '그러고는' 또는 '(논리적인 결과를 나타내어) 그렇다면'을 뜻할 때는 then을 씁니다. '…보다'라는 의미로 비교를 나타낼 때는 than을 씁니다.

For a while, Mary ran more quickly than I; then she dropped her pace.

한동안은 메리가 나보다 더 빨리 뛰었다. 그러고는 그녀는 속도를 늦추었다.

that, which: 쉼표가 필요 없는 절(제한절)에는 that을 씁니다. 쉼표가 필요한 비제한절에는 which를 씁니다.

The local dog kennels, which are on my way to work, are the ones that have been featured in the news lately.

나의 출근길에 있는 개 사육장들은 최근 뉴스에 보도된 곳들이다.

there, their, they're: Here(여기에)의 반의어를 원한다면 there를, they are를 뜻할 때는 they're를, 그들them의 소유임을 뜻할 때는 their를 씁니다.

There are the employees who think they're going to get their ten percent raises tomorrow.

저기에 자신들의 임금이 10퍼센트 인상될 것이라고 생각하는 직원들이 있다.

to, too, two: '추가의'라는 뜻을 표현하고자 할 때는 to에 o가 하나 더 추가된 too를 사용하고, 숫자 1 다음에 오는 2를 의미할 때는 two를 사용하며, '(이동 방향을 나타내어) …로/에' '…쪽으로'를 뜻할 때는 to를 사용합니다.

Did our supervisor ask the two new employees to go to Detroit and Chicago, too?
저희 상사가 두 신입사원에게도 디트로이트와 시카고에 갈 것을 요청했나요?

troop, troupe: 두 단어 모두 한 무리의 사람들을 나타내지만 troupe는 배우들의 무리를 나타냅니다.

The troupe of actors performed for the troop of Brownies.
극단은 브라우니단(7~10세 또는 11세까지의 소녀들로 구성되는 걸스카우트)을 위한 공연을 했다.

try and, try to: 대부분의 경우 try to를 써야 하는데 try and로 쓰는 실수를 합니다.

The lady said she would try to get the dress in my size; I hoped she would try and keep looking.
그 직원은 내 사이즈에 맞는 원피스를 찾아보겠다고 말했다. 나는 그녀가 계속해서 찾아주기를 바랐다.

use to, used to: Use to는 '어떠한 목적을 위해 쓰다, 사용/이용하다'라는 뜻입니다. Used to는 '…하곤 했다' '과거 한때는 …이었다'라는 뜻입니다. 흔히 -d를 빼먹은 상태로 잘못 사용하는 경우가 있습니다.

I used to like to listen to the excuses people would use to leave work early.

나는 한때 사람들이 일찍 퇴근하기 위해 하는 변명들을 듣는 것을 즐겼다.

who, which, that: 사람에 대해 쓸 때는 which를 사용하면 안 됩니다.

The federal inspector, who gives the orders that we all must obey, said that the environmental protection law, which had never been enforced, would result in higher costs.

우리가 준수해야 하는 법규를 알려주는 연방 조사관은 아직 시행되지 않은 환경보호법이 원가 상승을 야기할 것이라고 말했다.

whose, who's: (소유의 의미와 함께 어떤 사람·사물을 수식하는 형용사절에 사용되는) whose는 '누구의'를 뜻할 때 씁니다. Who's는 who is의 축약형입니다. 아포스트로피(')는 i가 생략되었음을 의미합니다.

After the sock hop, who's going to determine whose shoes these are?

양말만 신고 춤을 추면, 이 신발들 주인이 누구인지 어떻게 아나요?

your, you're: '너/너희들/당신(들)의'라는 의미를 전달하고자 할 때는 your(이것은 우리의our 차고 저것은 너희의your 차다)를 쓰고, you are를 뜻할 때는 you're(아포스트로피는 a가 생략되었음을 의미합니다)를 씁니다.

If you're going to Florida, be sure to put some sunscreen on your face.

만약 네가 플로리다에 간다면 얼굴에 자외선 차단제 바르는 것을 잊지 마.

—사전에 이런 단어는 없습니다

시중에서 쓰이는 몇몇 단어와 구절은 다루지 않았습니다. 제대로 된 단어가 아니기 때문입니다. 이러한 비표준어 용법의 경우 대부분 사전에도 나오지 않습니다. 그러므로 여러분은 작문할 때 이런 표현들을 절대 사용하지 마세요. 예를 들어 anyways, can't hardly, can't help but, can't scarcely, everywheres, hisself, irregardless, nowheres, off of, theirselves, theirself, ain't 등과 같은 표현은 사용하면 안 됩니다.

CHAPTER 2
품사

영어 선생님이 아닌 이상 도대체 어떤 사람이 품사에 관심을 가질지 의문이 들 수도 있습니다. 하지만 품사는 문법을 논하거나 좋은 작문을 하는 데에 있어 필수적인 용어들을 제공합니다. 이 책을 읽는 동안만이 아니라 실생활에서 동사의 시제('가고 있었다' 또는 '갔다'), 대명사의 격('그들' 또는 '그들을'), 또는 명사의 대소문자 구분(상원 의원 같은 경우 senator로 써야 하는지 아니면 Senator로 써야 하는지)에 대해 고민하는 순간들이 있을 것입니다. 만약 동사, 대명사, 명사가 무엇인지조차 모른다면 상황에 맞는 올바른 단어를 선택하기 힘들 것입니다.

명사

명사는 사람(Sammy, man), 장소(Philadelphia, city), 사물(Toyota, car), 또는 추상적인 대상(philosophy, warmth, love)에 명칭을 부여합니다.

위에서 언급된 명사 중 일부는 대문자로 시작하고 일부는 소문자로 시작한다는 사실을 알 수 있습니다. 고유명사(특정한 사람, 장소, 사물, 추상적 대상)는 대문자로 시작하고 보통명사(여러 사물에 보편적으로 쓰이는 사람의 이름, 장소, 사물, 추상적 대상)는 대문자로 시작하지 않습니다.

명사는 몇 가지 범주로 나뉩니다. 구상명사는 보고, 느끼고, 듣

고유명사Proper Noun	보통명사Common Noun
February	month
Egypt	country
Mrs. Davis	teacher

고, 만지거나 냄새를 맡을 수 있는 사물들을 명명합니다.(별star, 물water, 앨범album, 텔레비전television, 꽃flower) 추상명사는 개념, 신념 또는 특성 등을 명명합니다.(자유freedom, 자본주의capitalism, 용기courage) 복합명사의 경우 하나 이상의 단어로 이루어졌지만 하나의 명사로 간주합니다.(프랭클린시립대학교Franklin County Community and Technical College) 가산명사는 셀 수 있는 사람, 장소 또는 사물을 가리킵니다.(자동차 세 대three cars, 트롬본 76개seventy-six trombones) 불가산명사는 셀 수 없으며 항상 단수입니다.(불안unease, 행복happiness) 집합명사는 어떤 경우에는 하나의 구성단위로 간주하며(그렇기 때문에 단수로 취급), 어떤 경우에는 각각의 독립된 단위로 간주합니다.(그렇기 때문에 복수로 취급) 군대Army, 떼herd, 묶음pack, 가족family 모두 집합명사입니다.

문장 내에서 명사는 주어 혹은 특정 형태의 보어(술어 주격, 동사의 직접/간접 목적어 또는 전치사의 목적어) 역할을 합니다. 제3장 '기본 문장 구조'에서 위 용어들에 대한 정의 및 예시를 참고하세요.

대명사

대명사의 교과서적인 정의는 '명사를 대신하는 단어'입니다. 그런데 그것이 의미하는 바가 정확히 무엇일까요? 아래의 글을 읽어보기 바랍니다.

When Mrs. Anne Marie Schreiner came into the room, Mrs. Anne Marie Schreiner thought to Mrs. Anne Marie Schreiner's self, "Is the situation just Mrs. Anne Marie Schreiner, or is the temperature really hot in here?" Mrs. Anne Marie Schreiner went to the window and opened the lower part of the window, only to have a number of mosquitoes quickly fly right at Mrs. Anne Marie Schreiner. Mrs. Anne Marie Schreiner said a few choice words, and then Mrs. Anne Marie Schreiner began swatting the pesky mosquitoes, managing to hit a few of the mosquitoes when the mosquitoes came to rest on Mrs. Anne Marie Schreiner's arm.

앤 마리 슈라이너Anne Marie Schreiner 부인이 방에 들어왔을 때, 앤 마리 슈라이너 부인은 앤 마리 슈라이너 부인 속으로 "방 안의 온도가 정말로 높은 것 같은데 앤 마리 슈라이너 부인만 그렇게 느끼는 것은 아니겠지?"라고 생각했다. 앤 마리 슈라이너 부인이 창문을 열자 모기 몇 마리가 재빠르게 앤 마리 슈라이너 부인을 향해 달려들었다. 앤 마리 슈라이너 부인은 공격적인 말을 몇 마디 던진 후 앤 마리 슈라이너 부인은 성가신 모기들을 찰싹 때리기 시작했고, 앤 마리 슈라이너 부인의 팔에 앉은 모기 몇 마리를 잡는 데 성공했다.

읽어본 글 중에서 가장 짜증나는 글 아니었나요? 이제 같은 내용인데 적절한 곳에 대명사를 삽입한 글을 한번 읽어보겠습니다.

When Mrs. Anne Marie Schreiner came into the room, she thought to herself, "Is it just me, or is it really hot in here?" She went to the window and opened the lower part of it, only to have a number of mosquitoes quickly fly right at her. She said a few choice words, and then she began swatting the pesky mosquitoes, managing to hit a few of them when they came to rest on her arm.

앤 마리 슈라이너 부인이 방에 들어왔을 때, 그녀는 속으로 "방 안이 정말 더운 것 같은데 나만 그렇게 느끼는 것은 아니겠지?"라고 생각했다. 그녀가 창문을 열자 모기 몇 마리가 재빠르게 그녀를 향해 달려들었다. 그녀는 공격적인 말을 몇 마디 던진 후 성가신 모기들을 찰싹 때리기 시작했고, 그녀의 팔에 앉은 모기 몇 마리를 잡는 데 성공했다.

몇 개의 대명사가 이렇게 큰 차이를 만듭니다.

대명사의 종류

어떤 종류의 대명사인지 알아내기 위해서는 (어떤 대명사의 경우 하나 이상의 종류에 해당될 수도 있습니다) 문장 내에서 단어가 어떻게 쓰였는지 봐야 합니다.

1. **인칭대명사**는 사람 또는 사물들을 나타냅니다. I, me, you, he, him, she, her, it, we, us, they, them 등이 이에 해당됩니다.

I came to see you and him today.

나는 오늘 당신과 그를 만나기 위해 왔다.

2. **소유대명사**는 소유('~의 것')를 나타냅니다. Mine, yours, hers, his, theirs, ours 등이 이에 해당됩니다.

"These parking spaces are yours; ours are next to the door," the teachers explained to the students.

선생님들은 학생들에게 "이 주차 공간이 너희가 쓸 공간이고 우리의 주차 공간은 문 옆에 있어"라고 설명하셨다.

3. **지시대명사**는 사람 또는 사물을 가리킵니다. This, that, these, those 등이 이에 해당됩니다.

This is his umbrella; that is your umbrella.

이것이 그의 우산이고 저것이 당신의 우산이다.

4. **관계대명사**는 문장의 일부분(선행사)을 수식합니다. Who, whom, which, that, whose 등이 이에 해당됩니다.

The man whom I almost hit last night works in this shop.

내가 어젯밤에 부딪힐 뻔한 남자가 이 가게에서 일한다. (Whom이 man을 수식합니다.)

One country that I'd like to visit someday is France.

내가 언젠가 가보고 싶은 나라는 프랑스다. (That이 country를 수식합니다.)

5. **재귀대명사**(강의대명사라고도 함)는 앞서 문장에서 언급된 사람 또는 사물로 되돌아가는 관계를 나타냅니다. Myself, yourself, himself, herself, itself, ourselves, yourselves, themselves 등이 있습니다.

You must ask yourself what you would do in such a situation.

당신이라면 그러한 상황에서 어떻게 할 것인지 자문해야 합니다. (Yourself가 주어 you를 지칭합니다.)

6. **의문대명사**는 의문을 제기하는 데 사용합니다. Who, whom, which, whose, what이 이에 해당됩니다.

What in the world was that politician talking about?

저 정치인이 도대체 무슨 이야기를 한 거야?

7. **부정대명사**는 이름과 달리 때로는 문장에 이미 언급된 구체적인 사람, 장소 또는 사물을 지칭합니다.

All, another, any, anybody, anyone, anything, both, each, either, everybody, everyone, everything, few, many, most, much, neither, no one, nobody, none, nothing, one, other, others, several, some, somebody, someone, something 등이 있습니다.

All, any, more, most, none, some은 단수일 수도 복수일 수도 있다는 것을 유념하세요. 이 많은 대명사를 알맞게 선택하여 활용하는 방법을 배우기 위해서는 제5장을 참고하세요.

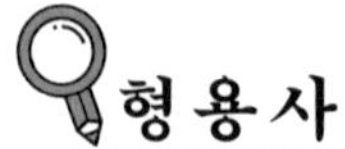

형용사

형용사는 명사나 대명사를 수식하는 단어입니다.

The framed picture came crashing off the wall during the recent earthquake.

최근에 지진이 일어났을 때 액자가 바닥에 떨어져 박살이 났다.

Framed는 picture에 대한 정보를 제공하며 picture가 사물(명사)이기 때문에 framed는 분명 형용사입니다. 형용사인지 확인하는 또 하나의 방법은 해당 단어가 다음 질문에 하나라도 답을 할 수 있는지 보는 것입니다.

어떤 것인가?
어떤 종류인가?
몇 개인가?

Framed는 어떤 것인가(어떤 사진? 액자에 넣은 사진) 그리고 어떤 종류인가(어떤 종류의 사진? 액자에 넣은 사진), 이 두 질문에 대한 답을 할 수 있기 때문에 형용사입니다.

관사는 형용사 중에 특별한 범주에 속하며, 오직 a, an, the 세 단어만이 여기에 속합니다. A와 an은 부정관사라 일컫는데, 이는 a와 an은 특정한 사람 또는 사물을 나타내지 않기 때문입니다. (예를 들어 a house, an honor.) The는 정관사라 일컫는데(사실 the가 유일한 정관사입니다), 이는 특정한 사람 또는 사물을 나타내기 때문입니다. (예를 들어 the owl, the transit system.)

형용사의 또 다른 하위 범주는 한정사입니다. 한정사는 명사가 무엇을 가리키는지 또는 어떤 단위를 언급하는지 구체적으로 알려주기 위해 쓰는 형용사입니다. (예를 들어 the country, those apples, seven pencils.)

어떤 단어가 형용사인지 알아내고자 한다면 문장 안에서 해당 단어가 어떻게 쓰였는지 보기 바랍니다. 다음 문장을 살펴봅시다.

The **tense** situation became much more relaxed when the little boy arrived.

어린 소년이 도착하고 나서 긴장된 분위기가 훨씬 누그러졌다.

What is the **tense** of that verb?

저 동사의 시제가 무엇인가요?

첫 번째 문장의 tense는 상황(사물)을 묘사하기 때문에 형용사입니다. 두 번째 문장의 tense는 시제라는 뜻을 가진 명사입니다.

동사

동사란 움직임이나 존재를 표현하는 단어입니다. 움직임을 표현하는 동사들을 행위 동사라고 합니다. 행위 동사는 가장 흔한 동사이며 문장 내에서 쉽게 찾을 수 있습니다. 예를 들어보겠습니다.

Marilyn jumped for joy when Frank called her.

메릴린은 프랭크가 전화를 해서 기뻐 날뛰었다. (Jumped와 called는 둘 다 행동을 나타냅니다.)

행위 동사는 타동사와 자동사, 두 범주로 나눌 수 있습니다. 교과서적인 정의에 따르면 타동사는 동작의 대상이 되는 목적어가 있어야만 움직임을 나타낼 수 있는 동사입니다. 그런데 이것이 과연 무슨 뜻일까요? 만약 문장 내에 있는 동사가 '누구를' 혹은 '무엇을'에 답을 할 수 있다면 해당 동사는 타동사입니다.

I carried the injured boy to the waiting ambulance.

나는 부상을 입은 소년을 대기하고 있던 구급차로 안고 갔다.

'누구를' 혹은 '무엇을' 안고 갔나요? 소년Boy이 '누구'에 관한 질문에 답이 되기 때문에 위 예문에서 동사 carried는 타동사입니다.

Exhausted after a hard day's work, I sank into the sofa with great delight.

힘든 하루 일과를 마치고 녹초가 된 채 나는 즐거운 마음으로 소파에 몸을 묻었다.

'누구를' 혹은 '무엇을' 앉았나요? 문장 내에 이 질문에 대한 답을 주는 단어가 없기 때문에 동사 sank는 자동사입니다.

타동사와 자동사에 대해 알면 쉽게 혼동하는 동사들을 (예를 들어 lie와 lay 그리고 sit과 set) 구분하는 데 도움이 됩니다. Lie는 자동사(나는 누웠다I lie down), lay는 타동사(나는 탁자 위에 책을 놓았다I lay the book on the table), sit은 자동사(나는 잠시 여기 앉을 것이다I'll sit here for a while), 그리고 set은 타동사(메리 베스는 찬장에 꽃병을 놓았다Mary Beth set the vase on the dresser)입니다.

Be동사

행위 동사들은 문장 안에서 비교적 쉽게 찾을 수 있습니다. 하지만 동사의 정의에서 '존재를 표현하는'이라는 건 도대체 어떤 의미일까요? 이는 보통 해당 단어가 be동사 형태 중 하나라는 의미입니다. 다음은 be동사의 형태입니다. Am, is, are, was, were, be, being, been.(been과 being을 제외하고 다른 단어들은 be처럼 보이지 않습니다.) Be동사에는 has been, should have been, may be, might be 또한 포함됩니다.

I am sitting on the dock of the bay.

나는 만에 있는 부두에 앉아 있다. (am은 be의 현재형 시제입니다.)

Yesterday she was sitting on the dock of the bay.

어제 그녀는 만에 있는 부두에 앉아 있었다. (was는 be의 과거형 시제입니다.)

연결 동사

다음 목록의 단어들은 때로는 행위 동사로, 때로는 연결 동사(또는 연계 동사)로 쓰입니다.

appear	smell	prove
feel	stay	seem
look	become	sound
remain	grow	taste

그렇다면 위 12개 동사들은 어떨 때 행위 동사로 쓰이고 어떨 때 연결 동사로 쓰일까요? 다음 방법을 활용해보세요. 위 동사들

중에서 be동사의 형태(am, is, was 등)로 대체했을 때 문장의 의미가 변하지 않는다면 그 동사는 연결 동사입니다. 예문을 보겠습니다.

The soup tasted too spicy for me.

스프가 나에게는 너무 매웠다.

Tasted 대신 was나 is를 대체하면 다음 문장이 됩니다.

The soup was(is) too spicy for me.

스프가 나에게는 너무 매웠다(맵다).

전혀 문제가 없는 문장입니다. 그럼 다음 예문을 보기 바랍니다.

I tasted the spicy soup.

나는 매운 스프를 맛보았다.

Tasted 대신 was나 is를 대체하면 다음 문장이 됩니다.

I was(is) the spicy soup.

나는 매운 스프였다(이다).

위 문장은 말이 안 되기 때문에 위 문장에는 연결 동사가 없는 것입니다.

조동사(보조동사)

동사의 또 다른 형태는 조동사입니다. 본동사와 연결되어(본동사를 보조하여) 동사의 시제, 서법mood, 태voice, 態를 표현할 수 있습니다. 흔히 사용하는 조동사에는 be, do, have, can, may와 같은 동사들이 있습니다.

동사의 주요 활용형

'동사의 주요 활용형the principal parts of verbs'이란 동사가 취할 수 있는 기본 형태를 말합니다. 영어에는 네 가지 활용 형식이 있습니다. 동사 원형(사전에 나오는 주표제어), 과거형, 과거분사, 현재분사입니다.

동사 원형 Present Infinitive	과거형 Past Tense	과거분사 Past Participle	현재분사 Present Participle
turn	turned	turned	turning
scratch	scratched	scratched	scratching
hammer	hammered	hammered	hammering
bring	brought	brought	bringing
broadcast	broadcast	broadcast	broadcasting
rise	rose	risen	rising

표에서 위쪽 세 줄을 보면 과거형 및 과거분사는 모두 동사 원형에 -d 또는 -ed를 붙여 만든다는 것을 알 수 있습니다. 대부분의 영어 동사는 이와 같은 규칙을 따르며 이러한 동사를 규칙동

사라고 합니다. 하지만 아래 세 가지 예시는 규칙동사와는 다른 형태를 띱니다. 이러한 동사들을 (놀랍지 않게도) 불규칙동사라고 합니다. 모든 동사의 동사 원형에 -ing를 붙이면 현재분사가 됩니다. 제4장에서 다양한 형태의 동사를 올바르게 활용할 수 있는 방법을 배울 수 있습니다.

부사

부사는 동사, 형용사, 혹은 다른 부사를 수식(묘사하거나 더 많은 정보를 제공)하는 단어입니다.

Yesterday the quite relieved soldier very quickly ran out of the woods when he saw his comrade frantically waving at him.
어제 꽤나 안심을 하고 있던 군인은 동료가 황급히 자신에게 손짓 하는 것을 보고 재빨리 숲에서 뛰어나왔다.

위 예문에서 사용된 부사들은 다음과 같습니다. Yesterday(동사 ran을 수식함), quite(형용사 relieved를 수식함), very(부사 quickly를 수식함), 그리고 frantically(동사 waving을 수식함)입니다.

문장에서 부사를 찾고자 한다면, 여러분이 부사인지 알고 싶은 단어가 다음의 질문에 답을 할 수 있는지 확인해보세요.

어떻게? 언제? 어디? 왜?

어떤 경우에? 얼마나 많이? 얼마나 자주? 어느 정도로?

위 예문의 경우, yesterday는 '언제'에 대해 답을 해주고, quite는 '어느 정도'에 대한 답을, very는 '어느 정도(또는 얼마나)'에 대한 답을, quickly는 '어떻게(또는 어느 정도)'에 대한 답을 그리고 frantically는 '어떻게'에 대한 답을 줍니다.

접속 부사

접속 부사는 별도로 분류해야 합니다. 접속 부사는 독립절들을 하나의 문장으로 연결하는 역할을 합니다. 접속 부사에 어떤 것들이 있는지는 7장의 접속어와 접속어구 목록(278쪽)에서도 볼 수 있습니다. 몇 가지 예를 들어보겠습니다.

accordingly	likewise	consequently
furthermore	otherwise	incidentally
instead	besides	moreover
next	however	therefore
also	meanwhile	finally
hence	still	indeed
nevertheless	thus	

짧은 문장들을 연결시켜 좀더 복잡한 생각을 표현할 때 접속 부사를 활용해보세요. 그러나 다음 요건들이 충족되는지 확인해야 합니다.

1. 접속 부사 양옆의 독립절들이 완전한 생각으로 이루어져 있는지
2. 접속 부사 앞에 세미콜론, 접속 부사 뒤에 쉼표를 삽입했는지
3. 밀접하게 관련된 두 가지 생각을 연결하는지
4. 적합한 접속 부사를 활용했는지

부사 가운데 극히 일부를 강조부사 또는 수식어구라고 하는데(very가 가장 일반적인 강조부사입니다), 이는 수식하는 형용사나 다른 부사의 의미를 강화시킵니다. 이 외에 자주 쓰이는 강조부사로는 awfully, extremely, kind of, more, most, pretty(pretty happy와 같은 경우), quite, rather, really(really sad와 같은 경우), somewhat, sort of, too가 있습니다.

형용사와 부사의 비교

때로는 어떠한 것이 다른 것과 비교되는 양상 혹은 부합하는 양상을 밝혀야 하는 경우가 있습니다. 여러분이 본 최신 공포 영화가 친구들과 함께 본 영화보다 무서웠던 건지, 지금까지 봤던 공포 영화 가운데 가장 무서웠던 건지 친구들에게 설명할 때처럼 말입니다.

비교를 할 때 다음의 세 가지 형태(degrees라고 칭함)의 형용사 혹은 부사를 쓸 수 있습니다.

- 원급은 단순하게 사람, 장소, 사물에 대한 서술을 합니다.
- 비교급은 두 사람, 두 장소 또는 사물을 비교합니다.
- 최상급은 두 가지 이상의 사람, 장소, 사물을 비교합니다.

원급Positive	비교급Comparative	최상급Superlative
blue	bluer	bluest
dirty	dirtier	dirtiest
happy	happier	happiest
tall	taller	tallest

다음은 비교급과 최상급 형태를 만들 때 도움이 되는 몇 가지 규칙들입니다.

1. 한 음절로 된 형용사와 부사는 비교급을 만들 때 보통 -er을 붙이고, 최상급을 만들 때는 보통 -est를 붙입니다. (표에 있는 tall과 blue의 예시를 보기 바랍니다.)

2. 두 음절 이상의 형용사와 -ly로 끝나는 부사는 비교급을 만들 때 보통 more(또는 less)를 해당 단어 앞에 쓰고, 최상급을 만들 때는 most(또는 least)를 씁니다.

원급	비교급	최상급
awkwardly	more awkwardly	most awkwardly
comfortable	more comfortable	most comfortable
qualified	more qualified	most qualified

3. 간혹 두 음절인 단어로 비교급이나 최상급을 만들 때 혼동이 일어날 수 있습니다. 이것이 골칫거리인 이유는 두 음절인 단어들은 때로는 -er, -est 형태로, 때로는 more, most(또는 less, least) 형태로 쓰이기 때문입니다.

원급	비교급	최상급
sleepy	sleepier	sleepiest
tiring	more tiring	most tiring

그렇다면 언제 -er, -est 형태를 써야 하고, 언제 more, most(또는 less, least) 형태를 써야 하는지 어떻게 알 수 있을까요? 확실

하지 않다면 사전을 찾아봐야 합니다. 이때, 사전에 비교급 또는 최상급 형태가 없다면 more, most 형태를 쓰기 바랍니다.

위의 규칙에는 몇 가지 예외가 있는데 이는 다음과 같습니다.

원급	비교급	최상급
bad	worse	worst
far	farther/further	farthest/furthest
good	better	best
well	better	best
ill	worse	worst
little	littler/less/lesser	littlest/least
many	more	most
much	more	most
old(늙다)	elder	eldest
old(낡다)	older	oldest

글을 쓰고 말을 할 때 흔히 저지르는 실수는 비교급을 써야 할 때 최상급을 쓰는 것입니다. 만약 두 사람, 두 장소나 사물을 비교하는 것이면 최상급이 아닌 비교급을 써야 한다는 사실을 기억하기 바랍니다. 예문을 보겠습니다.

Of my two dogs, the cocker spaniel is the friendliest.

내가 키우는 두 강아지 중에 코커스패니얼이 가장 다정하다.

위 예문은 두 강아지를 비교하는 것이기 때문에 최상급 대신 비교급(friendlier)을 써야 합니다.

비교를 할 때 저지르는 또 다른 흔한 실수는 –er과 more 또는 -est와 most를 같은 명사에 모두 활용하는 것입니다.(the most tallest statue 또는 a more happier child와 같이 말입니다.) 한 가지 형태만 쓸 수 있다는 것을 부디 기억하기 바랍니다. 그렇기 때문에 위 예문에서 most와 more를 삭제해야 합니다.

어떤 비교문의 경우 여러 의미로 해석될 수 있기 때문에 문장이 의도하고자 한 바를 제대로 전달하기 위해서는 필요한 모든 단어를 넣어야 합니다. 다음 문장을 읽어보세요.

In the long jump, Adele could beat her rival Fern more often than her teammate Sherry.
멀리뛰기에 있어서는 아델이 그녀의 경쟁 상대인 펀을 그녀의 팀 동료인 셰리보다 더 자주 이길 수 있었다.

위와 같이 작문하면 문장의 의미가 다음 두 문장 중에서 어떤 것을 의미하는지 명확하지가 않습니다.

In the long jump, Adele could beat her rival Fern more often than her teammate Sherry could.
멀리뛰기에 있어서는 아델이 그녀의 라이벌인 펀을 팀 동료인 셰리보다 더 자주 이긴다.

In the long jump, Adele could beat her rival Fern more often than she could beat her teammate Sherry.
멀리뛰기에 있어서는 아델이 그녀의 라이벌인 펀을 이기는 경우가 팀 동료인 셰리를 이기는 경우보다 더 많다.

전치사

전치사는 문장 안에서 명사나 대명사를 다른 단어와 연결해주는 역할을 합니다. 예를 들어보겠습니다.

Jack and Jill went up the hill.

잭과 질이 언덕을 올랐다. (Up이 전치사로 went와 hill을 연결합니다.)

Little Jack Horner sat in a corner.

리틀 잭 호너가 구석에 앉아 있었다. (In이 전치사로 sat과 corner를 연결합니다.)

다음은 가장 흔히 활용되는 전치사들입니다.

about	under	over
behind	after	up
down	beside	among
off	for	but

to	out	inside
above	underneath	past
below	against	upon
during	between	around
on	from	by
toward	outside	into
across	until	since
beneath	along	with
expect	beyond	at
onto	in	concerning
like	before	throughout
through	despite	without
within	of	

전치사의 역할이 무엇인지 잘 기억하고 싶다면 전치사preposition라는 말의 치置, position에 주목해보기 바랍니다. 전치사는 때로 어떤 것의 위치를 나타내기도 합니다. 예를 들어 in, out, under, over, above 등이 있습니다.

전치사로 문장을 끝내면 안 된다는 규칙을 들어본 적이 있나요? 일반적으로 전치사로 끝나지 않는 문장이 더 좋은 문장인 것은 사실입니다. 하지만 구어적인 표현으로 작문하고 싶을 때가 있을 수 있습니다. 더군다나 실제 대화에서는 전치사로 문장을 끝내는 경우가 많습니다. 다음 중 어떤 문장을 사용할 가능성이 높을까요?

With whom are you going to the party?

Whom are you going to the party with?

누구와 함께 파티에 갈 예정입니까?

대부분의 경우 두 번째 문장(전치사로 끝나는 문장)을 사용합니다. (사람들이 이와 같은 문장에서 일반적으로 whom 대신 who를 쓰는 실수에 대해서는 제5장에서 다룹니다.)

접속사

접속사는 문장 안에서 단어들을 연결해줍니다. 다시 말해 단어들 사이에 연결 고리를 제공합니다. 접속사는 세 가지로 분류됩니다.

1. **등위접속사**에는 but, or, yet, so, for, and, nor이 포함됩니다. boysfan으로 기억하면 도움이 될 수 있습니다.

2. **상관접속사**는 독립적으로 쓰일 수 없습니다. 상관접속사들은 반드시 가까이에 '짝'이 (보통 같은 문장 안에) 있어야 합니다. 한 쌍으로 활용되는 상관접속사로는 both/and, either/or, neither/nor, not only/also 그리고 not only/but also가 있습니다.

3. **종속접속사**는 종속절(주어와 동사가 있지만 독립적인 문장이 아닌 절) 앞에 쓰입니다. 가장 흔히 사용되는 종속접속사는 다음과 같습니다.

before	even though	how
providing that	since	so long as
when	whenever	where
although	as if	as in
if	in order that	in that
so that	than	that
wherever	whether	while
as long as	as much as	as soon as
inasmuch as	now that	once
though	unless	until
assuming that	because	after

감탄사

이런! 감탄사가 무엇인지 기억이 안 나시나요? 감탄사는 놀라움 혹은 다른 종류의 감정을 표현하거나 대화 중 어색함을 채워주는 역할을 합니다. 감탄사는 대다수의 경우 독립적으로 쓰입니다. 문장에 속해 있는 감탄사의 경우 문장 내의 다른 단어들과 문법적인 관계가 없습니다. 따라서 감탄사를 제거해도 문장의 의미에는 변화가 없습니다. 예문을 보겠습니다.

Hey, what's going on?

이봐, 별일 없지?

Well, I don't know what to say.

이거 참, 뭐라고 말해야 할지 모르겠다.

Ouch! Did you step on my toe?

아야! 너 내 발가락을 밟은 거니?

위 예문들에서 Hey, well, ouch가 감탄사입니다.

강한 감정이나 놀라움을 표현할 때(멈춰Stop!, 어허 참Darn it all! 등)는 감탄 부호를 쓰세요. 만약 약한 감정을 표현하거나 대화 중 어색함을 채워주는 단어(like, well 등)를 감탄사로 사용한다면 쉼표를 쓰기 바랍니다.

감탄사와 관련해 주의해야 할 점은 최대한 삼가거나 아예 쓰지 말아야 한다는 것입니다. 격식을 갖춰야 하는 글보다 대화에서 감탄사를 훨씬 더 자주 씁니다.

CHAPTER 3

기본 문장 구조

문장의 정의에 따르면 모든 문장에는 (1) 술부(보통 동사라고 칭합니다)와 (2) 그 동사의 주어가 있어야 하며, (3) 문장 내의 단어들은 완전한 생각을 담고 있어야 합니다.

이번 장에서는 무엇이 문장을 완전하게 하는지, 그리고 문장의 갖가지 요소들(주어, 직접 목적어, 전치사구, 종속절 등)을 어떻게 알아보는지에 대해 살펴볼 것입니다. 다양한 형태 및 기능을 가진 문장들을 살펴본 후, 많은 작가가 가장 어려워하는 부분인 주어-동사 일치에 대해 다룰 것입니다.

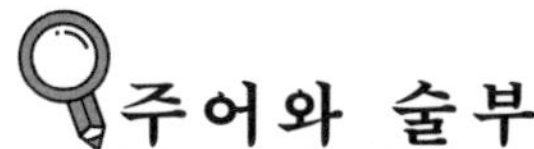

주어와 술부

완전 주어Complete Subject는 문장에서 주되게 다루는 사람, 장소, 사물과 이를 수식하는 모든 단어를 일컫습니다. 완전 술부(동사) Complete Predicate는 사람, 장소, 사물이 무엇을 하는지 또는 사람, 장소, 사물이 어떠한 상태인지를 나타냅니다.

완전 주어	완전 술부(동사)
The aged, white-haired gentleman 나이가 지긋한 흰 머리의 신사가	walked slowly down the hall. 복도를 천천히 걸어갔다.

문장 내에서 단순 주어는 완전 주어의 본질적인 부분입니다. 위 예문에서는 단순 주어는 gentleman입니다. 문장 내에서 단순 술부(동사)는 완전 술부의 본질적인 부분입니다. 위 예문에서는 단순 술부는 walked입니다.

또한 문장은 복합 주어 및 복합 술어를 가질 수 있습니다.

The aged, white-haired gentleman and his wife walked slowly down the hallway.
나이가 지긋한 흰머리의 신사와 그의 아내가 복도를 천천히 걸어갔다.
(복합 주어: gentleman and wife)

The aged, white-haired gentleman walked slowly and deliberately down the hallway and then paused to speak to me.
나이가 지긋한 흰머리의 신사가 복도를 천천히 조심스럽게 걷다가 멈춰 나에게 말을 걸었다. (복합 술어: walked 그리고 paused)

만약 주어를 찾기가 어려울 경우에는 먼저 동사를 찾은 후, 누가 해당 행위를 했는지 보면 됩니다. 예문을 보겠습니다.

After a tiring morning at the gym, the six young athletes fell onto the floor in exhaustion.
체육관에서 힘든 아침을 보낸 후 여섯 명의 젊은 운동선수들은 지쳐서 바닥에 쓰러졌다.

위 문장에서 동사는 fell입니다. 이때 '누가(또는 무엇이)' 쓰러졌는지 보면 '운동선수들'이 주어라는 것을 알 수 있습니다.

여기서 유념할 것은 주어는 절대 전치사구에 위치하지 않는다는 것입니다. 또한 의문문의 경우 주어가 동사 다음에 나오는 때도 있습니다. 의문문에서 주어를 찾고자 한다면 문장을 평서문의 형태로 바꿔보기 바랍니다.

What is Amy going to do with that leftover sandwich?
에이미는 먹다 남은 저 샌드위치를 가지고 무엇을 할 것인가요?

이 문장의 자구를 바꾸면 아래와 같은 문장이 됩니다.

Amy is going to do what with that leftover sandwich.

에이미는 동사 is going의 '누가(또는 무엇)'에 대한 답이 됩니다. 따라서 에이미가 이 문장의 주어입니다.

보어

어떤 문장은 주어와 술부만 가지고 완전한 문장이 될 수 있으나 많은 경우 그 의미를 완전하게 하기 위해서는 다른 요소를 필요로 합니다. 문장 내 이러한 추가적인 요소들을 보어라고 합니다. 보어에는 다섯 가지 종류가 있습니다. 직접 목적어, 목적 보어, 간접 목적어, 서술 형용사, 술어 주격입니다. 서술 형용사와 술어 주격은 주격 보어로 간주됩니다.

직접 목적어

직접 목적어는 타동사와 함께 쓰이는 보어의 한 가지 유형입니다. 직접 목적어는 동사의 행동을 받아주는 단어로서 주로 명사, 종종 대명사, 또는 드물게 명사절이 그 역할을 합니다. 다음 공식을 적용하면 직접 목적어를 찾을 수 있습니다.

1. 문장의 주어를 찾습니다.

2. 타동사를 찾습니다.

3. 주어와 술부를 (소리 내어) 읽은 다음 '누구' 또는 '무엇'에 대한 동작인지를 묻습니다.

만약 어떠한 단어가 두 질문 중 하나에 답을 할 수 있는 경우 그 단어가 직접 목적어입니다. 이 모든 것이 복잡하게 들릴 수도 있습니다. 예문을 살펴보겠습니다.

The little boy constantly dribbled the basketball in the outdoor playground.

작은 남자아이가 실외 놀이터에서 끊임없이 농구공을 드리블했다.

주어(남자아이boy)와 동사(드리블했다dribbled)는 찾았을 것이니 그 다음에 남자아이가 누구 또는 무엇을 드리블했는지 생각하면 됩니다. 그 질문에 대한 답을 해주는 단어는 농구공이고, 따라서 농구공이 직접 목적어입니다. 쉽지요?

—다양한 문체

좋은 작가들은 자신이 쓴 글이 너무 단조롭지 않도록 일반적인 주어-동사 패턴과 다르게 작문하기도 합니다. 다음 두 문장을 읽어 보세요.

The soldiers came over the hill, determined to destroy the fortress.

병사들은 요새를 파괴하겠다는 비장한 각오를 하고 고갯길을 넘어왔다.

Over the hill came the soldiers, determined to destroy the fortress.

병사들이 고갯길을 넘어왔다. 요새를 파괴하겠다는 비장한 각오를 하고.

두 문장의 주어(병사들soldiers)와 동사(왔다came)는 같지만 두 번째 문장은 역순적 문장 구조(즉, 동사가 주어 앞에 오는 구조)로 쓰였습니다. 여기서 유념할 것은 어떤 문장 구조로 쓰였든 간에 주어와 동사가 일치해야 한다는 것입니다.

목적 보어

타동사와 함께 사용되는 또 다른 형태의 보어는 목적 보어입니다. 이는 직접 목적어에 대한 자세한 설명을 제공하거나 직접 목적어의 의미를 좀더 강조합니다. 명사 또는 형용사가 목적 보어가 될 수 있습니다. 다음 문장을 살펴보세요.

Karen asked her friend Paulette for a ride home.

캐런은 그녀의 친구 폴레트에게 집까지 태워줄 수 있는지 물어보았다.

위의 문장에서 직접 목적어는 폴레트입니다. (캐런이 누구에게 또는 무엇을 물어봤는지 생각해보면 이는 폴레트입니다.) 그리고 명사인 친구friend가 목적 보어입니다. (이 단어는 폴레트에 대한 정보를 제공함으로써 내용을 완전하게 하는 데 기여합니다.) 목적 보어는 형용사일 수도 있습니다. 다음 문장을 살펴보기 바랍니다.

On a whim, Matthew painted his fingernails blue.

매슈는 즉흥적으로 자신의 손톱을 파란색으로 칠했다.

위 문장에서 직접 목적어는 손톱fingernails(매슈가 '누구' 혹은 '무엇'을 칠했는가?)이고, 형용사인 파란색blue이 목적 보어입니다. (이는 손톱에 대한 자세한 정보를 줍니다.) 이처럼 목적 보어는 직접 목적어를 묘사합니다.

간접 목적어

타동사와 함께 활용되는 보어의 세 번째 유형은 간접 목적어입니다. 이는 직접 목적어 앞에 나오고 주어와 동사 뒤에 위치하며 '누구에게' 또는 '누구를 위하여'라는 질문에 답을 해줍니다. 다음 공식을 적용하면 간접 목적어를 찾을 수 있습니다.

1. 문장의 주어를 찾습니다.

2. 타동사를 찾습니다.

3. 주어와 술부를 (소리 내어) 읽은 다음 '누구에게' 또는 '누구를 위해' 해당 동작을 한 것인지 묻습니다. 만약 어떠한 단어가 두 질문 중 어느 하나에 대한 답이 될 경우 그 단어가 간접 목적어입니다. 예문을 보겠습니다.

Kyle reluctantly gave Linda the keys to his new car.

카일은 마지못해 린다에게 자신의 새 차 열쇠를 주었다.

이 문장에서 주어는 '카일'이고 동사는 '주었다$_{gave}$'입니다. 위의 공식을 활용해 주어와 동사 다음에 '누구에게' 또는 '누구를 위해'를 물어봅시다. 카일이 누구에게 주었나요? 답은 린다입니다.

참고로 간접 목적어와 같은 경우에 to 또는 for는 의미상으로만 존재합니다. 만약 to 또는 for가 실제로 쓰였다면 간접 목적어가 아닌 전치사구가 형성된 것입니다.

Kyle reluctantly gave the keys to Linda.

카일은 마지못해 린다에게 열쇠를 주었다. ('to Linda'는 전치사구이기 때문에 '린다'는 간접 목적어가 아닙니다.)

주격 보어

또 다른 형태의 보어는 주격 보어인데, 이는 연결 동사와만 함께 사용될 수 있습니다. (연결 동사는 기억하겠지만 모두 be동사의 형태입니다. 때때로 appear, become, feel, grow, look, remain, smell, sound, stay, taste의 형태를 띨 수도 있습니다.) 주격 보어는 주어를 완전하게 해줍니다. 즉, 주어에 대한 정보를 더 제공해주는 역할을 합니다. 주격 보어에는 두 가지 형태, 즉 서술 형용사와 술어 주격이 있습니다.

서술 형용사

서술 형용사는 형용사로, 연결 동사 뒤에 나오며 문장의 주어를 묘사합니다. 서술 형용사를 찾기 위해서는 다음 공식을 적용해보기 바랍니다.

1. 문장 내에 연결 동사가 있는지 (반드시) 확인합니다.

2. 문장의 주어를 찾습니다.

3. 주어를 (소리 내어) 읽고, 연결 동사를 (소리 내어) 읽은 후, '무엇?'이라는 질문을 던져보기 바랍니다.

만약 '무엇인가?'에 대한 질문에 답이 되는 단어가 형용사이면 그것이 서술 형용사입니다. 다음은 서술 형용사의 예시입니다.

Crystal is certainly intelligent.

크리스털은 틀림없이 똑똑하다.

이 문장에 위의 공식을 적용해보겠습니다. (1) is가 연결 동사임을 알 수 있습니다. (2) 문장의 주어인 크리스털을 찾았을 것입니다. (3) '크리스털이 무엇인가?'라는 질문을 던져보면 똑똑하다intelligent가 질문에 대한 답이 되고 intelligent는 형용사이기 때문에(크리스털이란 명사를 묘사하기에) intelligent가 서술 형용사라는 것을 알 수 있습니다.

술어 주격

또 다른 형태의 주격 보어는 술어 주격입니다. (때로는 서술 명사라고 불립니다.) 이 또한 연결 동사 뒤에 나오며 문장의 주어를 묘사합니다. 술어 주격은 반드시 명사 또는 대명사여야 합니다. 술어 주격을 찾으려면 다음 공식을 적용해보기 바랍니다.

1. 문장 내에 연결 동사가 있는지 (반드시) 확인합니다.

2. 문장의 주어를 찾습니다.

3. 주어를 읽고, 연결 동사를 읽은 후, '누구?'라는 질문을 던져봅니다.

만약 '누구인가?'에 대한 질문에 답이 되는 단어가 명사 또는 대명사이면 이는 술어 주격입니다. 다음 문장을 보세요.

That man over there is DeShawn.

저기에 있는 저 남자가 드숀이다.

이 문장에 앞서 언급한 공식을 적용해봅시다. (1) is가 연결 동사임을 알 수 있습니다. (2) 문장의 주어인 man을 찾았을 것입니다. (3) 'man이 누구인가?'라는 질문을 던져보면 드숀이 질문에 대한 답이 되고 드숀은 명사이기 때문에(사람을 칭하기에) 술어 주격이라는 것을 알 수 있습니다.

구

구phrase는 단어들이 연결되어 문장의 특정 부분을 구성한 것입니다. 구에는 동사와 동사의 주어가 되는 단어가 없습니다. 구 중에서도 가장 흔한 형태는 전치사구입니다. 전치사구는 전치사로 시작되고 명사 또는 대명사로 끝나는 단어의 집합입니다. (전치사의 목적어가 됩니다.) 다음은 몇 가지 예시들입니다.

During the terrible storm

끔찍한 폭풍우 동안에

For me

나한테는

After our dinner

우리의 저녁 식사 후에

With his son

그의 아들과 함께

문장 내에서 전치사구는 형용사의 역할을 하거나(다시 말해 전치사구는 명사 또는 대명사를 묘사하며 '어느 것' 또는 '어떤 종류의'라는 질문에 답이 되어줍니다) 부사의 역할을 합니다.(다시 말해 전치사구는 동사, 형용사 또는 다른 부사를 묘사하며 '언제' '어디에서' '어떻게' '왜' '어느 정도로' '어떤 조건 하에서'와 같은 질문들에 대한 답이 됩니다.)

[형용사구]

Several friends from my job are getting together tonight.

직장 동료 몇 명이 오늘 저녁에 모인다. (from my job이 명사 friends를 수식·묘사합니다.)

[부사구]

We'll meet at the restaurant at 8 P.M.

우리는 저녁 8시에 음식점에서 만날 것이다. (at the restaurant이 동사 meet를 수식·묘사합니다.)

이 외 종류의 구는 분사가 관련 단어들과 결합할 때 형성되며 이는 명사나 대명사를 묘사합니다. (분사에 대한 내용은 제4장을 참조해주세요.) 이러한 구에는 다음이 포함됩니다.

[분사구]

Fleeing from the sudden storm, many picnickers sought refuge in the shelter house at the park.

갑작스럽게 몰아닥친 폭풍우를 피하기 위해 많은 나들이객이 공원 내의 대피소로 피신했다.

(Fleeing은 현재분사로 명사 picnickers를 묘사하며 Fleeing from the sudden storm은 분사구를 형성합니다.)

[동명사구]

Singing the night away helped Joseph forget his troubles.

밤새도록 노래하는 것은 조지프가 골치 아픈 일들을 잊는 데 도움이 되었다.

(Singing은 동명사이며 이 문장에서는 주어의 역할을 합니다. Singing the night away는 동명사구를 형성합니다.)

[부정사구]

"To go home is my only wish right now," sighed the tired mother after a long day of shopping with the children.

"집에 가는 게 지금 나의 유일한 소원이다"라고 아이들과 하루 종일 쇼핑을 하느라 지친 엄마가 한숨을 쉬며 말했다.

(To go는 부정사로서 이 문장에서는 주어의 역할을 합니다. To go home은 부정사구를 형성합니다.)

마지막 형태는 동격구입니다. 동격구는 주로 명사 (혹은 드물게 대명사) 형태로, 세부 사항을 제공하거나 다른 명사나 대명사를 지칭합니다. 다음은 하나의 예시입니다.

My favorite book, a dog-eared copy of *To Kill a Mockingbird*, has accompanied me on many vacations.

내가 가장 좋아하는 책이자 책장 모서리가 여러 군데 접혀 있는 『앵무새 죽이기』는 나의 수많은 여행에 동행했다.

절

구와 마찬가지로 절clause 또한 문장의 한 구성 요소로 작용합니다. 하지만 구와 달리 절은 동사와 그에 상응하는 주어를 가집니다.

독립절

독립절(혹은 주절main clause이라고도 칭함)은 동사와 주어가 포함된 단어들의 집합입니다. 이미 동사와 주어를 포함하고 있기 때문에 하나의 문장으로서 홀로 사용될 수 있으며, 이는 독립절에 속한 단어만 가지고 그 의미를 전달할 수 있음을 뜻합니다.

The white index cards fell to the floor.

흰색 카드들이 바닥으로 떨어졌다.

위 문장은 하나의 독립절입니다. 주어인 cards와 동사인 fell로 구성되어 있으며 홀로 사용될 수 있는 하나의 문장입니다. 이제 다음 문장을 봅시다.

The cards scattered on the floor, and I had to pick them all up.
카드들이 바닥에 흩뿌려졌고, 내가 그것들을 주워야 했다.

위 문장은 두 개의 독립절로 이루어져 있습니다. 첫 번째 절은 the cards scattered on the floor로 주어 cards와 동사 scattered를 포함하고 있으며 이는 하나의 문장으로서 홀로 사용될 수 있습니다. 두 번째 절은 I had to pick them all up이며 주어 I와 동사 had로 이루어져 있고, 이 역시 홀로 문장이 될 수 있습니다.

종속절

종속절(혹은 비독립절dependent clause이라고도 칭함)은 주어와 동사를 포함하고 있으나 홀로 문장이 될 수 없는 절을 뜻합니다. 종속절이 문장으로서 의미를 전달할 수 있으려면 다른 독립절이나 문장과 함께 쓰여야 합니다. 다음 예를 보겠습니다.

I had just alphabetized the cards when they fell on the floor and scattered everywhere.

내가 알파벳순으로 카드의 순서를 정리하자마자 카드가 바닥으로 떨어지면서 여기저기 흩어졌다.

위 문장에서 종속절은 when they fell on the floor and scattered everywhere입니다. 주어 they와 동사 fell 그리고 scattered가 포함되어 있지만 종속절만 떼어서 보면 다음과 같습니다.

When they fell on the floor and scattered everywhere

그래서 어떻게 되었다는 것인지, 그 후에 무슨 일이 일어났는지에 대한 내용이 없기 때문에 작가가 말하고자 하는 완전한 의미가 전달되지 않음을 알 수 있습니다. 잘 이해가 되지 않거나 복잡하게 느껴진다면 이렇게 생각해보세요. 종속절은 홀로 사용될 수 없으므로 '주'가 되는 절이나 문장에 '종속subordinate'되어야 합니다. 종속절은 문장의 독립절에 '의존dependent'해야 한다고 생각해도 됩니다.

종속절에는 세 가지 종류가 있는데, 각각의 종속절은 문장 내에서 다른 역할을 맡습니다.

1. **형용사절**은 문장에서 형용사처럼 작용하는 종속절로, 명사나 대명사를 꾸며주는 역할을 맡습니다. 관계절이라고도 불리는데, 이는 관계대명사(who, whose, whom, which, that)로 시작하는 경우가 많기 때문입니다.

That man, whom I went to high school with, walked right

by as if he'd never met me.

나의 고교 동창인 저 남자가 전혀 모르는 사람인양 나를 그냥 지나쳤다.

(위 문장에서 whom I went to high school with가 형용사절이며 이는 man이라는 명사를 꾸며줍니다.)

헷갈릴 수도 있지만 형용사절에서 가끔씩 that이 생략된 경우가 있습니다. 예를 들어 보겠습니다.

The new CD that I want has not yet been released.

The new CD I want has not yet been released.

내가 원하는 새 CD는 아직 공개되지 않았다.

2. **명사절**은 문장 내에서 명사처럼 작용하는 종속절입니다. 이는 곧 주어, 술어 주격, 동격어, 동사의 목적어, 전치사의 목적어 등으로 쓰일 수 있습니다.

Rocky couldn't believe what he heard at the water fountain.

로키는 그가 식수대에서 들은 얘기를 믿을 수 없었다.

위 문장에서 what he heard at the water fountain이 명사절이며 he heard라는 동사의 목적어로 사용되었습니다.

3. **부사절**은 문장 내에서 부사의 역할을 하는 종속절을 의미하며 동사, 형용사 혹은 다른 부사를 꾸며주는 역할을 합니다. 부사절은 보통 종속 접속사subordinating conjunction로 시작되며 종속 접속

사의 예로는 after, although, as (if), because, once, until, while 등이 있습니다.

Mr. Sylvester came to visit because he needed some company for the evening.

실베스터 씨는 그날 저녁에 함께 있어줄 사람이 필요해서 방문했습니다.

위 문장에서 because he needed some company for the evening이 부사절로 쓰였으며 동사 came을 꾸며주고 있습니다.

주의해야 할 점은 문장을 부사절로 시작할 때에는 부사절 뒤에 꼭 쉼표를 붙여야 한다는 점입니다. 예를 들어보겠습니다.

Whenever he came to visit, Mr. Sylvester always brought a box of candy for us.

실베스터 씨는 우리에게 올 때마다 항상 캔디 한 상자를 사가지고 오셨다.

제한절과 비제한절

절은 제한절restrictive clause과 비제한절nonrestrictive clause로 나누어 구분할 수도 있습니다. 제한절(essential clause 혹은 defining clause라고도 함)은 문장의 의미를 전달하기 위한 필수적 요소입니다. 비제한절(nonessential clause 혹은 nondefining clause라고도 함)은 문장에서 생략해도 그 문장의 기본적 의미가 변하지 않는 절을 뜻합니다.

The car that I was driving was stolen.

내가 운전하던 차가 도난당했다.

The car, which was stolen last Saturday, has been found.

지난 토요일에 도난당한 차를 찾았다.

위의 첫 예문을 보면 that I was driving은 문장의 의미를 전달하기 위한 필수 요소입니다. 허나 두 번째 예문의 which was stolen last Saturday는 생략해도 문장의 기본 의미가 변하지 않습니다. 그저 부가적인 정보이기 때문입니다.

위 예문들을 통해 제한절의 경우 that으로 시작되며 비제한절의 경우 which로 시작되는 것을 알 수 있습니다.

문장의 기능

문장은 네 가지의 기능으로 나눌 수 있습니다. 선언문, 의문문, 명령문, 감탄문입니다.

1. **선언문**은 말 그대로 무언가를 선언하는 문장입니다.

I'll be seeing you tomorrow, and we can talk about our weekend plans.

내일 뵙도록 하겠습니다. 그리고 그때 우리의 주말 일정에 대해 얘기합시다.

2. **의문문**은 질문을 던지는 문장입니다.

Do you think we can talk about our weekend plans tomorrow?

내일 주말 일정에 대해 얘기를 할 수 있을까요?

3. **명령문**은 명령, 부탁, 지시를 하는 문장입니다.

Come here so we can talk about our plans.

계획에 대해 이야기하게 여기로 와.

여기서 주의할 점은 명령문에서는 주어가 생략되는 경우가 많다는 것인데, 여기서 생략된 주어는 말을 듣고 있는 당사자, 즉 you입니다.

(You) come here so we can talk about our plans.

4. **감탄문**은 강한 감정을 표현하는 문장입니다.

How I hope we can be together this weekend!

이번 주말에 우리가 함께 있기를 얼마나 바라고 있는데!

주어와 동사의 수 일치: 조화를 유지하기

어떤 문장을 읽는데 무언가 잘못되었다는 생각이 들 때가 있지 않나요? 대부분의 경우 주어와 동사의 수가 일치하지 않아 생기는 문제입니다. 따라서 문장을 자연스럽게 하기 위해서는 동사가 주어의 수 및 인칭과 일치되도록 해야 합니다. 첫 번째 규칙(주어와 동사의 수 일치)은 간단합니다. 단수 주어를 사용한 경우에는 단수 동사를 사용하고, 복수 주어를 사용한 경우에는 복수 동사를 사용하면 됩니다. 물론 언제나 그렇게 간단한 것만은 아닙니다. 상황에 따라 이 규칙을 따르기가 어려울 때도 있습니다.

전치사의 문제

주어와 동사의 수 일치가 잘못되는 경우 중 하나는 주어가 아닌 단어와 동사를 일치시키는 경우입니다. 이러한 실수를 피하기 위해서는 주어 뒤에 오는 전치사구들을 일단 무시하고 생각해야 합니다. 예문을 보겠습니다.

The tray of ice cubes (has, have) fallen on the kitchen floor.
얼음 조각들을 올려놓은 쟁반이 부엌 바닥에 떨어졌다.

여기서 전치사구인 of ice cubes를 무시하고 읽으면
The tray ~~of ice cubes~~ (has, have) fallen on the kitchen floor.

문장의 주어가 tray이고 이는 단수임이 명확해집니다. 따라서 아래와 같이 쓰는 것이 맞다는 것을 알 수 있습니다.

The tray of ice cubes has fallen on the kitchen floor.

대명사 찾기

만약 부정대명사가 문장의 주어인 경우, 각각의 대명사를 주의 깊게 봐야 합니다. Both, few, many, others, several 등과 같은 경우에는 규칙이 쉽습니다. 복수 대명사의 경우에는 복수 동사를 사용하면 되기 때문입니다. 예문을 보겠습니다.

"Several scouts are [is가 아닙니다] in the stands at tonight's game," whispered the coach.

"스카우트 여럿이 오늘 밤 경기를 관람석에서 볼 것이다"라고 코치가 속삭였다.

A few of us want [wants가 아닙니다] to go camping this weekend.

우리 중 몇 명은 이번 주말에 캠핑을 가고 싶습니다.

복수 대명사만큼 단수 대명사 또한 찾기 쉽습니다. Another, anybody, anyone, anything, each, either, everybody, everyone, everything, much, neither, no one, nobody, nothing, one, other, somebody, someone, something 등이 그 예입니다. 하지만 부정대명사가 복수를 지칭하지만 단수로 취급되는 경우가 가끔 있기 때문에 이에 유의해야 합니다. (예를 들어 each, everybody, everyone, everything.) 예문을 보겠습니다.

Everybody is [are가 아닙니다] here, so we can get started on the trip.

모두 여기 모였으니 이제 출발해도 됩니다.

No one is [are가 아닙니다] going to complain if you want to pick up the tab for tonight's meal.

네가 오늘 저녁을 사고 싶다고 해서 불만을 가질 사람은 아무도 없을 것이다.

가장 어려운 규칙은 all, any, most, none, some이 나올 때입니다. 이 다섯 가지 대명사는 단수 동사를 사용해야 할 때도 있지만 복수 동사를 사용해야 될 때도 있기 때문입니다. 어떤 형태의 동사를 사용할지 결정하려면 "전치사구를 무시한다"는 규칙을 잠시 접어두고 전치사구를 봐야 합니다. 예문을 보겠습니다.

"Some of the money is [are가 아닙니다] missing!" cried the teller.

"돈의 일부가 사라졌다!"라고 창구 직원이 외쳤다.

"Some of the people in the bank are [is가 아닙니다] the suspects," replied the policeman.

"은행 안에 있는 사람들 중 일부가 용의자다"라고 경찰관이 답했다.

Most of my coworkers are [is가 아닙니다] cleared of any suspicion.

내 동료 대다수는 혐의를 벗었다.

Most of my jewelry is [are가 아닙니다] still missing.

내 패물 대부분은 아직도 찾지 못했다.

각각의 경우에서 전치사의 목적어(money, people, coworkers, jewelry)를 파악해 단수 동사를 사용할지 복수 동사를 사용할지 결정해야 합니다.

수 일치의 특수한 경우

1. The only one of those가 쓰였을 때에는 단수 동사를 써야 합니다. 하지만 one of those가 쓰였을 때에는 복수 동사를 써야

합니다. 헷갈리죠? 다음 예문을 보면 한결 이해가 잘 될 것입니다.

The only one of those people I feel comfortable with is [are가 아닙니다] Gail Prince.

저들 중에서 내가 편하다고 생각하는 유일한 이는 게일 프린스다.

Gail is one of those people who always listen [listens가 아닙니다] when I have a problem.

게일 프린스는 내게 문제가 있을 때 항상 내 얘기를 들어주는 사람 중 하나다.

2. 단어나 단어의 묶음 앞에 many a나 every가 쓰인 경우에는 단수 동사를 써야 합니다. 예를 들어 보겠습니다.

Many a good man is [are가 아닙니다] trying to please his wife.

많은 괜찮은 남자는 자신의 아내를 기쁘게 하기 위해 노력한다.

Every wife tries [try가 아닙니다] to help her husband understand.

모든 아내는 자신의 남편이 이해할 수 있도록 도움을 준다.

3. 만약 the number라는 표현이 주어에 포함되어 있다면 단수 동사를 써야합니다. 하지만 a number의 경우 복수 동사를 써야합니다. 예문을 보겠습니다.

The number of people who came to the concert is [are가 아닙니다] disappointing.

콘서트에 온 관객 수가 실망스럽다.

A number of people are [is가 아닙니다] at home watching the finals of the basketball tournament.

농구 대회 결승전을 집에서 시청하는 사람들이 있다.

4. 만약 more than one이라는 표현이 주어에 포함되어 있으면 단수 동사를 써야 합니다.

More than one person is [are가 아닙니다] upset about the outcome of the election.

한 명 이상의 사람이 선거 결과 때문에 속상해하고 있다.

5. 집합명사도 마찬가지로 주어가 단수일 수도 복수일 수도 있습니다. 집합명사는 어떠한 집단을 나타내는 명사이며 cast, fleet, gang 등이 있습니다. 만약 집단 내의 인물들이 생각이나 행동을 함께한다는 내용이라면 단수 동사를 사용해야 합니다. 하지만 집단 내의 인물들이 생각이나 행동을 달리한다면 복수 동사를 사용해야 합니다. 예를 들어보겠습니다.

The couple is renewing its yearly donation of $50,000 for scholarships.

부부는 장학금 용도로 내는 연간 기부금 5만 달러를 갱신한다.

(두 명이 함께 기부를 하기 때문에 단수 동사가 쓰였습니다.)

The couple were cleared of the charges of embezzlement of $50,000.

부부는 5만 달러 횡령 혐의에 대해 무혐의 처분을 받았다.

(두 명이 각각 사면을 받았기 때문에 복수 동사가 쓰였습니다.)

6. 단수 동사와 복수 동사를 사용하는 데 있어 또 다른 문제점은 양을 표현할 때입니다. 단위나 양을 말할 때(time, money, weight, volume, food, fraction 등)에는 하나의 것으로 간주해 단수 동사를 사용합니다.

Ten dollars to see this movie is [are가 아닙니다] highway robbery!

이 영화에 10달러를 내게 하다니, 이건 절도 행위다!

I would estimate that two thirds of the snow has [have가 아닙니다] melted.

나는 눈의 3분의 2가 녹았다고 추정한다.

7. 간혹 복수처럼 보이지만 한 사람이나 하나의 장소 또는 사물을 지칭하는 명사들이 있습니다.

The United States is [are가 아닙니다] defending its title against the United Kingdom.

미국은 영국으로부터 타이틀 방어를 하고 있다.

(미국에는 50개의 주가 있지만 하나의 국가이기 때문에 단수로 취급합니다.)

Because I think the subject is fascinating, I think it's odd that economics is [are가 아닙니다] called "the dismal science."

나는 이 과목이 매력적이라고 생각하기 때문에 경제학이 소위 '우울한 학문'이라고 불리는 것이 이상하다고 생각한다.

(여기서 economics란 단어는 복수처럼 보이지만 사실 하나의 과목이기 때문에 단수로 취급합니다.)

8. 여기 또 다른 특이 상황이 있습니다. Pants, trousers, shears, spectacles, glasses, tongs, scissors 등의 명사를 사용할 때에는 복수로 취급해야 합니다.

These pants are [is가 아닙니다] too tight since I returned home from the cruise.

크루즈 여행에서 돌아온 이후 이 바지는 내게 너무 꽉 낀다.

Do [does가 아닙니다] these trousers come in any other color?

이 바지는 다른 색상은 없나요?

하지만 주의해야 할 점은 위 명사들 앞에 a pair of를 붙일 경우 단수로 취급해야 한다는 것입니다.

This pair of pants is [are가 아닙니다] too tight since I returned home from the cruise.

Does [do가 아닙니다] this pair of trousers come in any other color?

Pair라는 단어 자체가 두 개를 의미하기 때문에 이상하다 생각할 수 있지만 단수로 취급된다는 점을 유의해야 합니다. 영어 문법은 항상 예외와의 싸움입니다.

복합 주어의 사용

복합 주어 사용 시 첫 번째 규칙은 간단합니다. 복합 주어는 복수 동사를 사용한다는 것입니다.

Mary and Mark are [is가 아닙니다] here.

메리와 마크가 여기 와 있다.

Mr. and Mrs. Claxton are [is가 아닙니다] joining us for an informal dinner tonight.

클랙스턴 부부는 오늘 우리와 가벼운 저녁 식사 자리에 함께할 것이다.

물론 예외도 있습니다. 두 개 이상의 주어가 and로 묶여 있고 그것이 하나의 단위로 생각되는 경우에는 단수 동사를 사용해야 합니다.

Peanut butter and jelly is my favorite kind of sandwich.

땅콩버터와 잼을 바른 샌드위치는 내가 가장 좋아하는 샌드위치다.

두 번째 규칙도 첫 번째 규칙만큼 간단합니다. Or나 nor로 연결된 단수 주어의 경우 단수 동사를 사용합니다.

My teacher or my adviser is [are가 아닙니다] here to help me pick my new classes.

선생님 혹은 상담사께서 내가 새로 들을 수업을 선택하는 데 도움을 주기 위해 오셨다.

The butcher, the baker, or the candlestick maker is [are가 아닙니다] coming to tomorrow's career fair.

내일 취업 박람회에 정육업자, 제빵사 또는 촛대 제작자가 온다.

세 번째 규칙은 두 번째 규칙과 비슷합니다. Or 또는 nor로 연결된 복수 주어의 경우 복수 동사를 사용합니다.

The Smiths or the Joneses are [is가 아닙니다] visiting tonight.

스미스 씨 가족 또는 존스 씨 가족이 오늘 밤에 방문합니다.

The horses or the pigs are [is가 아닙니다] making too much noise tonight.

말 또는 돼지들이 오늘 밤 너무 시끄럽게 군다.

두 번째와 세 번째 규칙을 따를 때 유의할 점은 묶인 주어가 모두 단수이거나 모두 복수여야 한다는 사실입니다. 간단히 얘기해서

1. 모든 주어가 단수일 경우 단수 동사를 사용한다.
2. 모든 주어가 복수일 경우 복수 동사를 사용한다.

그렇다면 단수 주어 하나와 복수 주어 하나가 or 또는 nor로 연결된 경우에는 어떻게 해야 할까요? 단수 동사를 사용해야 할까요? 복수 동사를 사용해야 할까요? 답은 간단합니다. 동사와 더 가까이에 쓰인 주어의 수와 일치시키면 됩니다. 예문을 보겠습니다.

My cat or my three dogs **are** coming with me on the trip.
나의 고양이 또는 나의 강아지 세 마리가 여행에 동행할 것이다.
(is가 아닙니다. Dogs가 복수이며 동사와 더 가까이 있기 때문입니다.)

My three dogs or my cat **is** making me itch all the time.
나의 강아지 세 마리 또는 나의 고양이가 나를 항상 가렵게 만든다.
(이 경우에는 단수 주어인 cat이 동사와 더 가까이 있으므로 are가 아닙니다.)

Here, There, Everywhere

간혹 가다 here나 there로 시작하는 문장을 어려워하는 분들이 있습니다.

Here's the money I owe you.
네게 빌린 돈 여기 있어.

There's plenty of time left.
아직도 충분한 시간이 남았다.

위의 두 예문을 풀어 쓰면 "Here is the money I owe you" 그리고 "There is plenty of time left"가 되기 때문에 둘 다 문제없는 문장입니다. 하지만 다음 예문을 볼까요?

Here's the books I told you I'd bring to you.
내가 당신에게 가져다준다고 했던 책이 여기 있습니다.

There's lots of sandwiches left, so help yourself.
아직 샌드위치가 많이 남았으니 양껏 드십시오.

위 예문들의 경우에는 풀어 쓰면 "Here is the books I told you I'd bring to you"와 "There is lots of sandwiches left, so help yourself"가 되므로 주어와 동사의 수가 일치되지 않습니다. 두 예문의 주어가 복수이기 때문에 복수 동사 are를 써야합니다.

규칙은 다음과 같습니다. 만약에 문장이 here나 there로 시작하고, 주어가 복수라면 복수 동사(주로 are)를 써야 합니다.

뒤죽박죽인 수

만약 문장에 복수 주어와 단수 술어 주격, 또는 단수 주어와 복수 술어 주격이 들어 있는 경우 술어 주격이 아닌 주어의 수와 일치시켜야 합니다. 예를 들어보겠습니다.

Although they're very expensive, Susie's favorite present is pink roses.
매우 비싸긴 해도 수지가 가장 좋아하는 선물은 핑크색 장미다.

Although they're very expensive, pink roses are Susie's

favorite present.

매우 비싸긴 해도 핑크 장미들은 수지가 가장 좋아하는 선물이다.

첫 번째 예문의 주어는 단수인 present이므로 단수 동사인 is가 사용되었습니다. 두 번째 예문의 주어는 복수인 roses이므로 복수 동사인 are가 사용되었습니다.

CHAPTER 4

동사의 종류

혹자는 "장미는 장미다. 오직 그것뿐이다a rose is a rose is a rose"(또는 "명사는 명사다. 오직 그것뿐이다a noun is a noun is a noun")라고 말할 겁니다. 하지만 동사는 그렇게 단순하지 않습니다. Grow와 같은 일반적인 동사도 과거로 갈 수 있으며(grew), 미래로 건너뛸 수도 있고(will grow), 수가 바뀔 수도 있습니다(it grows, they grow). 또한 준동사로도 변형시킬 수 있습니다(growing, grown, to grow). 동사의 형태와 종류가 이렇게 다양한 것을 감안하면 동사에 몇 가지 다른 서법moods이 있다는 사실은 놀랍지 않습니다.

이번 장에서는 동사의 모든 형태를 정리할 것입니다. 이 장을 읽고 나면 올바른 동사를 선택하는 일은 여러분에게 더 이상 문제가 아니게 될 것입니다.

준동사

기본 8품사 외에도 준동사verbal라 불리는 세 요소(분사, 동명사, 부정사)가 있습니다. 준동사는 혼성체로, 문장 내에서 동사가 아닌 다른 품사의 역할을 합니다.

분사

분사는 부분적으로 동사이고 부분적으로는 다른 것이지만 결국 형용사로 쓰입니다. (이미 언급했듯이 형용사는 다음 세 가지 질문에 대한 답을 합니다. '어떤 것?' '어떤 종류의?' '몇 가지?') 어떤 분사는 아래 예시와 같이 동사에 -ing를 붙인 형태로 이루어져 있습니다.

Just let sleeping dogs lie.

자고 있는 강아지들을 누워 있게 놔둬라.

Sleeping은 동사 sleep에 -ing를 붙인 단어로 문장에서 형용사의 역할을 합니다. 이는 강아지들을 묘사하며 '어떤 것?'이라는 질문에 대한 답을 제공합니다.

Shivering from the cold, Robert went immediately to the coffeepot and poured himself a large cup.
추위에 떨고 있던 로버트는 곧장 커피포트로 가서 커피 한 잔을 따랐다.

Shivering은 동사 shiver에 -ing를 붙인 단어로 문장에서 형용사의 역할을 합니다. 이는 로버트를 묘사하며 '어떤 것?' 또는 '어떤 종류의?'라는 질문에 답을 합니다.

위 문장들은 현재분사에 대한 예문입니다. 과거분사라고 불리는 분사들은 동사에 -d 또는 -ed를 붙입니다.

The entire team, exhilarated from the unexpected victory, embraced the cheering fans.
기대하지 않았던 승리를 거두어 흥분한 팀 전체는 환호하는 팬들을 껴안았다.

Exhilarated는 동사 exhilarate에 -ed를 붙인 단어로 문장에서 형용사의 역할을 합니다. 이는 팀을 묘사하며 '어떤 종류의?'라는 질문에 답을 제공합니다.

그렇다면 분사라는 것이 왜 이렇게 중요할까요? 이는 분사가 잘못 쓰일 경우 현수분사dangling participle를 만들기 때문입니다. 다음 문장을 보세요.

Babbling incoherently, the nurse quickly wrapped his arms around the child.

앞뒤가 안 맞는 말을 재잘거리며 간호사는 재빠르게 어린아이를 자신의 두 팔로 감쌌다.

위 문장을 그대로 해석하면 마치 간호사가 앞뒤가 안 맞는 말을 재잘거리는 것으로 읽힙니다. 하지만 글쓴이가 실제로 뜻한 바는 (그렇기를 바라고 있는데) 어린아이가 앞뒤가 안 맞는 말을 재잘거린다는 의미일 겁니다. 그렇다면 위 문장은 다음과 같이 고쳐져야 합니다.

The nurse quickly wrapped his arms around the babbling child.

간호사는 재잘거리는 아이를 재빠르게 자신의 두 팔로 감쌌다.

동명사

동명사는 현재분사처럼 동사 끝에 -ing를 붙인 것입니다. 하지만 동명사는 분사와는 달리 문장에서 명사의 역할을 합니다.(즉, 사람, 장소, 사물을 명명합니다.)

Running up steep hills for the last six months has greatly increased my stamina.
지난 6개월 동안 가파른 언덕을 계속 뛰어서 오르내렸더니 체력이 좋아졌다.

Hector thought he could impress his boss by staying late at the office.
헥터는 야근을 하면 직장 상사로부터 좋은 평가를 받을 거라 생각했다.

Running은 동명사입니다. 이는 동사 run 뒤에 -ing를 붙인 것으로 문장 내에서 명사로 쓰입니다. Staying 또한 동명사입니다. 동사 stay 뒤에 -ing를 붙인 것으로 문장 내에서 명사로 쓰입니다.

다음은 사람들이 흔히 간과하는 규칙입니다. 동명사 앞에는 소유격 명사 또는 소유대명사(my, your, his, her, its, our, their)를 씁니다. 다음 예문을 보세요.

James continues to be amazed by (Barbara, Barbara's) singing.
제임스는 바버라의 노래 실력에 매번 놀란다.

동명사 singing 앞에는 소유격 Barbara's를 써야 합니다. 다음 예문에도 같은 규칙이 적용됩니다.

I was upset about (us, our) leaving so early in the morning.
나는 우리가 아침에 그렇게나 일찍 나서야 한다는 것이 짜증났다.

동명사 leaving 앞에 소유대명사 our를 써야 합니다.

부정사

부정사는 to와 동사가 결합한 형태로 이루어집니다.(예를 들어 to go, to carry, to drive.) 대부분의 경우 부정사는 명사로 쓰이지만 경우에 따라 형용사 또는 부사로 쓰일 수도 있습니다.

"I want to go home!" cried the youngster.
"난 집에 가고 싶어!"라고 아이가 외쳤다. (To go가 명사로 쓰인 경우입니다.)

We come to bury Caesar.
우리는 시저를 묻으러 왔다. (To bury가 부사로 쓰인 경우입니다. 우리가 왜 왔는지 알려줍니다.)

Harry was the first guy in our crowd to marry.
해리는 같이 어울리는 친구들 가운데 처음으로 결혼했다. (To marry가 형용사로 쓰인 경우입니다. 이는 guy를 묘사합니다.)

여기서 주의해야 할 점은 때에 따라 to 부정사의 to를 생략하기도 한다는 것입니다.

"Please help me make the bed before your parents get here," Arthur said to his wife.
아서는 그의 아내에게 "당신 부모님께서 오시기 전에 이불 정리를 하는 것을 도와줘"라고 말했다.

위 문장은 다음 문장과 같은 의미를 가집니다.

"Please help me to make the bed ..."

문장을 이와 같이 받아들이는 것이 익숙해지면 to를 생략한 부정사를 어려움 없이 찾을 수 있을 것입니다.

—쪼갤 것이냐, 말 것이냐

과거 문법학자들은 부정사를 쪼개어 사용하는 것은 옳지 않다고 지적했습니다. 다시 말해, to와 동사 사이에 단어를 넣는 것(가령 to plainly see)이 잘못되었다고 생각했습니다. 요즘 사람들은 이와 같은 주장이 시대착오적인 발상이라고 생각할 수도 있습니다.

Georgia needed to better understand the rules of English grammar.
조지아는 영문법 규칙에 대해 더 나은 이해가 필요했습니다.

만약 위 문장에서 부정사가 쪼개어져 있지 않았다면 문장의 뜻이 덜 명확했을 것입니다. 다음 문장들을 보기 바랍니다.

Georgia needed to understand better the rules of English grammar.

또는

Georgia needed better to understand the rules of English grammar.

부정사를 쪼개는 것이 나은지 아닌지는 여러분이 작문한 문장을 음성으로 듣고 결정하기 바랍니다. 만약 문제가 없다고 생각되면 분리해도 되지만 뭔가 이상하다고 느껴진다면 분리하지 마세요.

동사의 시제

영어 동사는 (시간에 대하여) 크게 현재, 과거, 미래 세 가지의 시제로 나뉩니다. 그리고 각각의 시제는 단순 시제, 진행 시제, 완료 시제 그리고 완료진행 시제라는 범주로 세분화됩니다. 이 하위 범주는 특정한 행위가 전부 완료된(또는 완료하고 있는, 완료될) 시점에 정해질 수 있습니다.

	단순 시제 Simple	진행 시제 Progressive	완료 시제 Perfect	완료진행 시제 Perfect Progressive
현재	hide	am/is/are hiding	have/has hidden	have/has been hiding
과거	hid	was/were hiding	had hidden	had been hiding
미래	will/shall hide	will be hiding	will have hidden	will have been hiding

단순 시제: 아주 쉽고 간단합니다

단순현재 시제는 평상시에 또는 반복적으로 일어나는 행위를 알려줍니다.

I hide from the Mafia.

나는 마피아 조직으로부터 숨는다.

단순과거 시제는 과거에 시작되었고 끝난 행위를 알려줍니다.

I hid from the Mafia.

나는 마피아 조직으로부터 숨었다.

단순미래 시제는 곧 있을 행위를 알려줍니다.

I will hide from the Mafia.

나는 마피아 조직으로부터 숨을 것이다.

진행 시제: 한 걸음 더 나아가기

문장을 쓰는 시점에 행위가 진행 중인 것을 나타낼 때에는 다음과 같이 현재진행 시제를 활용합니다. 현재진행형은 항상 am, is, are에 -ing를 붙인 동사를 결합하여 형성합니다.

I am hiding from the Mafia today.

나는 오늘 마피아 조직으로부터 숨어 있다.

과거진행 시제는 과거 특정한 시간에 어떠한 행위가 진행 중인 것을 나타낼 때 활용합니다. 과거진행형은 항상 was, were에 -ing를 붙인 동사를 결합하여 형성합니다.

I was hiding from the Mafia yesterday.

나는 어제 마피아 조직으로부터 숨어 있었다.

미래진행 시제는 계속 이어지는 또는 미래에 일어날 어떠한 행위를 나타낼 때 활용합니다. 미래진행형은 항상 will be, shall be에 -ing를 붙인 동사를 결합하여 형성합니다.

I will be hiding from the Mafia tomorrow.

나는 내일 마피아 조직으로부터 숨을 것이다.

완료 시제: 과거로부터

현재완료 시제는 과거의 어느 시점에 일어난 또는 과거에 시작되었지만 현재에도 계속 진행 중인 행위를 나타낼 때 활용합니다. 현재완료형은 항상 has, have에 동사의 과거분사 형태를 붙여 만듭니다.

I have hidden from the Mafia for more than five years.

나는 마피아 조직으로부터 5년 넘게 숨어 지냈다.

과거완료 시제는 특정 과거의 행위보다 이전에 일어난 과거의 행위를 나타낼 때 활용합니다. 과거완료형은 항상 had에 동사의 과거분사 형태를 붙여 만듭니다.

I had hidden from the Mafia for more than five years before I entered the Witness Protection Program.

증인 보호 프로그램에 참여하기 전에 나는 마피아 조직으로부터 5년 넘게 숨어 지냈다.

미래완료 시제는 다른 미래의 행위가 일어나기 전에 일어났을 미래 행위를 보여줄 때 활용합니다. 미래완료형은 항상 will have에 동사의 과거분사 형태를 붙여 만듭니다.

I will have hidden from the Mafia for more than five years before entering the Witness Protection Program.

증인 보호 프로그램에 참여하기 전에 나는 마피아 조직으로부터 5년 넘게 숨어 지내고 있었을 것이다.

완료진행 시제: 과거, 현재 그리고 어쩌면 나중에

현재완료진행 시제는 과거 일정 기간 반복된 행위, 현재 계속되는 혹은 미래에 계속될 가능성이 있는 행위를 보여줄 때 활용합니다. 현재완료진행형은 항상 has been 또는 have been에 -ing를 붙인 동사를 결합시켜 만듭니다.

For the past five years, I have been hiding from the Mafia.

지난 5년 동안 나는 마피아 조직으로부터 숨어 지내고 있다.

과거완료진행 시제는 과거에 진행된 어떤 행위가 다른 과거 행위보다 먼저 완료되었을 때 활용합니다. 과거완료진행형은 항상 had been에 -ing를 붙인 동사를 결합시켜 만듭니다.

Before I entered the Witness Protection Program, I had been hiding from the Mafia for more than five years.

증인 보호 프로그램에 참여하기 전에는 나는 마피아 조직으로부터 5년 넘게 숨어 지내고 있었다.

미래완료진행 시제는 특정 미래 시점 이전에 완료될 미래진행 행위를 보여줄 때 활용합니다. 미래완료진행형은 항상 will have been에 -ing를 붙인 동사를 결합시켜 만듭니다.

Next month I will have been hiding from the Mafia for more

than five years.

다음 달이면 나는 마피아 조직으로부터 5년 넘게 숨어 지낸 것이 된다.

불규칙 동사

대부분의 영어 동사는 동사의 기본형(사전에 나타나는 형태)에 -d 또는 -ed를 붙여 그 동사의 과거 및 과거분사를 형성합니다. 이를 규칙 동사라 합니다. 하지만 동사 중 일부는 이와 같은 규칙을 따르지 않는데 이들을 불규칙 동사라 일컫습니다. 아래는 이러한 불규칙 동사들의 목록입니다.

동사 원형 Base(Infinitive)	과거형 Simple Past	과거분사 Past Participle
arise	arose	arisen
be	was, were	been
bear	bore	borne/born
become	became	become
begin	began	begun
bend	bent	bent
bet	bet/betted	bet/betted
bid	bade/bid	bidden/bid
bind	bound	bound

bite	bit	bitten/bit
bleed	bled	bled
blow	blew	blown
break	broke	broken
bring	brought	brought
build	built	built
burn	burned/burnt	burned/burnt
burst	burst	burst
buy	bought	bought
catch	caught	caught
choose	chose	chosen
come	came	come
creep	crept	crept
cut	cut	cut
deal	dealt	dealt
dive	dived/dove	dived
do	did	done
draw	drew	drawn
dream	dreamed/dreamt	dreamed/dreamt
drink	drank	drunk
drive	drove	driven
eat	ate	eaten
fall	fell	fallen
feed	fed	fed
feel	felt	felt
find	found	found
fit	fitted/fit	fit
fly	flew	flown
freeze	froze	frozen
get	got	gotten/got
give	gave	given
go	went	gone
grow	grew	grown

hang (매달다)	hung	hung
has	had	had
have	had	had
hear	heard	heard
hide	hid	hidden/hid
hit	hit	hit
hold	held	held
keep	kept	kept
know	knew	known
lay	laid	laid
lead	led	led
leap	leaped/leapt	leaped/leapt
learn	learned/learnt	learned/learnt
leave	left	left
lie (눕다)	lay	lain
light	lighted/lit	lighted/lit
lose	lost	lost
make	made	made
mean	meant	meant
meet	met	met
mistake	mistook	mistaken
mow	mowed	mowed/mown
pay	paid	paid
plead	pleaded/pled	pleaded/pled
prove	proved/proven	proved/proven
quit	quit/quitted	quit/quitted
ride	rode	ridden
ring	rang	rung
rise	rose	risen
run	ran	run
saw (톱질하다)	sawed	sawed/sawn
say	said	said
see	saw	seen

sell	sold	sold
send	sent	sent
set	set	set
sew	sewed	sewn/sewed
shake	shook	shaken
shine	shone/shined	shone/shined
show	showed	shown/showed
shrink	shrank/shrunk	shrunk/shrunken
shut	shut	shut
sing	sang/sung	sung
sink	sank/sunk	sunk
sit	sat	sat
sleep	slept	slept
slide	slid	slid
sling	slung	slung
smell	smelled/smelt	smelled/smelt
speak	spoke	spoken
speed	sped/speeded	sped/speeded
spell	spelled/spelt	spelled/spelt
spend	spent	spent
spill	spilled/spilt	spilled/spilt
spin	spun	spun
spoil	spoiled/spoilt	spoiled/spoilt
spring	sprang/sprung	sprung
steal	stole	stolen
stick	stuck	stuck
sting	stung	stung
stink	stank/stunk	stunk
strike	struck	struck/stricken
string	strung	strung
swear	swore	sworn
sweep	swept	swept
swim	swam	swum

swing	swung	swung
take	took	taken
teach	taught	taught
tear	tore	torn
tell	told	told
think	thought	thought
throw	threw	thrown
wake	woke/waked	waked/woken
wear	wore	worn
weave	wove	woven
weep	wept	wept
wet	wet/wetted	wet/wetted
win	won	won
wind	wound	wound

동사의 서법

영어 동사는 세 가지 서법moods을 가지며, 이는 발화 내용에 대한 저자의 태도를 나타냅니다.

대부분의 동사는 **직설법**으로 활용되는데 이는 동사가 속한 문장verb's sentence이 사실을 서술하고 있음을 의미합니다. 다음은 몇 가지 예문들입니다.

I'll be seeing you later on tonight. We'll go to the movies with our friends. You may wear whatever you want.

이따 저녁에 뵙겠습니다. 우리는 친구들과 함께 영화를 보러 갈 겁니다. 당신이 원하는 옷을 입고 와도 됩니다.

명령법은 무언가를 요청하거나 명령할 때 활용됩니다. 예를 들어 보겠습니다.

Please give me the phone.

전화기를 주세요.

Give it to me—or else!

내게 줘! 안 그랬다간 두고 봐!

가정법은 두 개의 동사(be와 were)와, 두 가지 형태의 문장으로만 활용됩니다.

1. 사실과 반대될 때 또는 사실과 같지 않거나 의심스러운 진술일 때(if 또는 unless로 시작되는 경우와 같이)

2. 희망, 요구 혹은 권고 사항을 표현할 때 또는 필사적인 호소를 하거나 강력한 요청을 할 때

다음은 가정법에서 활용하는 동사의 형태입니다.

가정법 현재		가정법 과거	
단수	복수	단수	복수
(if) I be	(if) we be	(if) I were	(if) we were
(if) you be	(if) you be	(if) you were	(if) you were
(if) he/she/it be	(if) they be	(if) he/she/it were	(if) they were

예문을 몇 가지 보겠습니다.

Mary Alice moved that the minutes be [are가 아닙니다] accepted.

메리 앨리스는 회의록의 수락을 제안했다. [요구 사항을 표현]

If I were [was가 아닙니다] a millionaire, I would buy you a car.

만약 내가 백만장자였다면 네게 차를 사줄 텐데. [사실과 반대]

It's important that everybody be [is가 아닙니다] at the meeting early.

모두가 회의 시작 전에 미리 와 있는 것이 중요하다. [희망 또는 요구 사항]

CHAPTER 5

대명사와 관련된 문제들

동사를 제외한 품사 가운데 대명사에 이 책의 한 장을 할애했음을 대명사가 알 수만 있다면 대명사는 스스로를 자랑스럽게 생각했을 것입니다. 하지만 불행히도 이는 칭찬의 의미로 한 말이 아닙니다. 대명사를 사용하면 편리하고 시간도 절약되지만 문제가 자주 발생합니다. 문법적으로 문제를 거의 야기하지 않는(고맙게도!) 발랄한 감탄사와는 대조적입니다. 따라서 혼란과 오해를 불러일으키지 않기 위해서는 필히 적절한 대명사를 사용해야 합니다.

이번 장에서는 대명사 불일치, 적합한 인칭의 사용, 의미를 모호하게 하는 대명사의 사용 등을 비롯하여 대명사를 사용할 때 헷갈리는 부분을 설명할 것입니다. 더불어 오래전부터 꾸준히 어려운 주제로 여겨져온 'who/whom' 문제를 해결할 방법을 익히도록 하겠습니다. 이 장을 읽고 나면 부정 대명사와 같은 까다로운 대명사들을 자신감을 갖고 정확하게 쓸 수 있을 것입니다.

대명사 일치의 문제

대명사

먼저 제2장에서 언급한 내용을 상기하자면 대명사는 명사를 대신해서 쓰는 단어입니다. 다음은 주요 대명사의 목록입니다.

all	another	any	anybody	her
herself	him	himself	his	theirs
nobody	none	nothing	one	hers
themselves	these	they	this	them
anyone	it	ours	which	neither
I	others	what	either	yourselves
other	us	each	many	no one
those	both	little	several	everyone
anything	itself	ourselves	who	most
everybody	mine	somebody	yours	someone
me	some	you	he	yourself

she	whose	few	myself	that
whom	everything	much		

대명사는 반드시 그것이 가리키는 단어(선행사)의 수와 일치해야 합니다. 다음 문장을 읽어보기 바랍니다.

After I saw whom the letters were from, I tossed it in the wastebasket.
편지들이 누구로부터 온 것인지 알아차리고서는 나는 그것을 휴지통에 던져버렸다.

위 문장에서 it이 잘못된 대명사이기 때문에 해석상 문제가 생겼습니다. 선행사인 편지들letters은 복수이기 때문에 이것을 대체할 대명사 또한 복수 형태여야 합니다. 문장을 올바르게 고치려면 it을 복수 대명사인 them으로 교체해야 합니다.

규칙은 다음과 같습니다. 만약 대명사가 복수형이면 그것이 가리키는 단어(선행사)도 반드시 복수형이어야 합니다. 또한 대명사가 단수형이면 그것이 가리키는 단어도 반드시 단수형이어야 합니다.

부정 대명사 일치의 문제

부정 대명사에 포함되는 단어들은 아래와 같습니다.

all	another	any
either	everybody	everyone
much	neither	no one
others	several	some
anybody	anyone	anything
everything	few	little
nobody	none	nothing
somebody	someone	something
both	one	most
many	each	other

Anyone, anybody, anything, each, either, everybody, everyone, everything, neither, nobody, none, no one, one, somebody, something, someone은 모두 단수이기 때문에 단

수인 대명사를 요합니다. 하지만 곰곰이 생각해보면 each와 같은 단어는 하나 이상을 의미합니다. 만약 각 개인이 무엇인가를 하고 있다면 이는 한 사람 이상이란 것을 의미하는 것이 아닌가요? Everybody, everything, everyone도 마찬가지라 할 수 있습니다. 하지만 이는 상관없습니다. 네 단어 모두 단수입니다. 그렇기 때문에 아래와 같이 문장을 써야 합니다.

Everybody is seated, and each is waiting for the plane to take off.
탑승객 전원이 착석했고 각각은 비행기 이륙을 기다리고 있다.

Each of the dogs needs its personalized collar before it can be enrolled in dog obedience school.
반려동물훈련학교 입학 전에 각 강아지는 개인 목걸이를 걸어야 한다.

일상 대화에서 흔히 단수 대명사 대신 they 또는 their를 쓰는 경향이 있습니다. 위에 나온 첫 번째 예문을 다음과 같이 말하는 경우를 들어본 적이 있을 것입니다.

Everybody is seated, and they are waiting for the plane to take off.
탑승객 전원이 착석했고 그들은 비행기 이륙을 기다리고 있다.

이 용법을 '단수 they'라고 하는데 이는 they와 관련된 선행사가 단수이기 때문입니다.

규칙의 예외

문장에서 주어를 찾을 때 전치사구를 무시하라는 규칙을 기억하십니까? 다음 두 문장을 보기 바랍니다.

All of the money is missing from the safe.

금고에 있던 돈이 모두 없어졌다.

All of the cookies are missing from the jar.

병 안에 있던 과자가 모두 없어졌다.

두 문장의 주어는 all입니다. 그러나 첫 번째 문장은 단수 동사가 쓰였고 두 번째 문장은 복수 동사가 쓰였지만 두 문장 다 올바른 문장입니다. 다음 다섯 개의 대명사들(all, any, most, none, some)은 '전치사구를 무시하는 규칙'이 적용되지 않습니다. 이 다섯 개의 대명사는 전치사의 목적어를 보고 어떤 동사를 쓸지 결정해야 합니다.

비록 '단수 they'가 점점 더 흔히 사용되고 있지만 일각에서는 여전히 '단수 they'의 쓰임에 대해 회의적입니다. 하지만 이는 문법 규칙들 가운데 결국 바뀌게 될 규칙 중 하나일 겁니다. 이는 '단수 they'가 his or her 또는 he or she의 남용을 막는 데 도움을 줄 수 있기 때문입니다. 예를 들어보겠습니다.

When I came downstairs, everybody in the family was already eating their breakfast, and everyone was

engrossed in reading their different sections of the newspaper. Each of them seemed to be in their own little world.
내가 아래층으로 내려왔을 때 가족 모두가 이미 아침을 먹고 있었고 모두가 각자 자신이 관심 있는 신문 기사를 읽는 데 여념이 없었다. 그들은 각자 자신만의 작은 세계에 빠져 있는 것 같았다.

대명사들을 바꿔서 선행사들과 수의 일치를 이루려면 위 문단을 아래와 같이 써야합니다.

When I came downstairs, everybody in the family was already eating his or her breakfast, and everyone was engrossed in reading his or her different sections of the newspaper. Each of them seemed to be in his or her own little world.

두 번째 문단이 문법적으로 맞지만 글이 매끄럽게 읽히지는 않습니다. 이 문단의 어색함을 없애기 위해서는 문장에서 단수 명사와 대명사를 복수 명사와 대명사로 바꾸어 써줘야 합니다.

When I came downstairs, all of my family members were already eating their breakfast. All of them were engrossed in reading their own sections of the newspaper. They seemed to be in their own little world.

훨씬 나아지지 않았습니까?

의미를 모호하게 하는 대명사의 사용

기억하시겠지만 대명사는 명사를 대신하는 단어입니다. 선행사는 대명사가 가리키는 명사입니다. 예를 들어볼까요?

Shirley called to say she would be glad to help decorate for the party on Friday.
셜리가 금요일에 열릴 파티의 장식 작업을 기꺼이 도와주겠다고 전화를 했다.

위 예문에서 대명사 she는 특정한 명사 셜리(선행사)를 분명하게 나타냅니다. 하지만 다음 문장을 볼까요?

Billy Joe invited Darrell to the ranch because he enjoyed horseback riding.
빌리 조가 대럴을 목장으로 초대했는데, 그가 승마를 좋아했기 때문이다.

문장의 두 번째 부분의 he가 누구에 대한 이야기인지(빌리 조인지 대럴인지)를 알 수 없습니다. He의 선행사가 불명확하기 때문입니다. 문장이 분명하게 읽히려면 다음과 같이 단어들을 바꿔야 합니다.

Because Darrell enjoyed horseback riding, Billy Joe invited him to the ranch.
대럴이 승마를 좋아했기 때문에 빌리 조가 목장으로 그를 초대했다.

때로는 대명사가 가리키는 것이 없을 때도 있습니다.

Karen was afraid he would not remember to pick up the refreshments for the party.
캐런은 그가 파티에 필요한 다과를 가지러 가는 것을 잊어버릴까 걱정을 했다.

여기서 he가 누구입니까? 이 남자의 정체가 앞 문장에서 언급되지 않은 이상 독자들은 이 남자에 대해 아는 바가 없을 것입니다. 선행사는 특정한 사람, 사물, 장소를 나타내야 한다는 점을 꼭 기억하세요. 다음 문장을 보겠습니다.

The young recording star was elated, but he kept it hidden.
젊은 음반 스타는 신이 났지만, 그는 그것을 감췄다.

이 스타가 감춘 것이 무엇일까요? It이 그가 신이 났다는 사실을 나타내는 것일까요? 그런 경우라면 위 문장은 원래 다음과 같이 쓰여야 할 것입니다.

The young recording star was elated, but he kept elated

hidden.

하지만 위 문장은 말이 안 됩니다. Elated는 사람, 사물, 또는 장소가 아니기 때문에 it의 선행사가 될 수 없습니다. 따라서 아래와 같이 어구를 바꿔 써야 합니다.

The young recording star was elated with his hit record, but he kept his feelings hidden.
젊은 음반 스타는 자신의 음반이 히트를 쳐서 신이 났지만 그는 이 감정을 감췄다.

같은 맥락 또는 같은 문장 내에 대명사가 가리키는 명사가 있지만 그 명사가 실제로 말하고자 했던 바가 아닌 경우가 있습니다. 이는 말하고자 하는 지시 대상이 문장 내에 없기 때문에 생기는 문제입니다.

After a successful fishing trip with his brothers, Steve let them all go.
형제들과 성공적인 낚시 여행을 보낸 후 스티브는 그들을 놔줬다.

지금 상태로 문장을 해석하면 스티브는 그의 형제들을 놔준 것 같습니다. 문장 내에서 them이 언급하는 것이 형제들이기 때문입니다. 하지만 글쓴이가 실제로 전달하고자 하는 이야기는 스티브가 물고기들을 모두 놓아줬다는 것입니다. 그렇다면 위 문장을 다음과 같이 다시 써야 합니다.

After a successful fishing trip with his brothers, Steve let all of their catch go.
형제들과 성공적인 낚시 여행을 보낸 후 스티브는 (그들이) 잡은 물고기들을 모두 놔줬다.

다음 예문도 대명사가 실제 의미하고자 하는 선행사를 가리키지 않는 또 하나의 예입니다.

The new tax forms arrived today. They want me to fill out every line on the last three pages.
새로운 납세 신고서가 오늘 도착했다. (그들은) 내가 마지막 세 페이지에 있는 모든 항목을 채우기를 원한다.

지금 상태로 문장을 해석하면 납세 신고서가 빈 항목들을 채우기를 원하는 것처럼 읽힙니다. 글쓴이가 실제로 의도한 바는 국세청, 회계사무소 또는 사내 인사과(글쓴이가 명시하지 않은 누군가)에서 납세 신고서를 채우기를 원한다는 것입니다. They가 명확하게 누군지 전달하기 위해서는 문장을 다음과 같이 써야 합니다.

The new tax forms arrived today. Our accountant wants me to fill out every line on the last three pages.
새로운 납세 신고서가 오늘 도착했다. 우리 회계사는 내가 마지막 세 페이지에 있는 모든 항목을 채우기를 원한다.

익명의 사람들을 언급할 때 they를 쓰지 않도록 주의하세요. 즉, 대명사 they는 반드시 구체적으로 명시한 사람들을 가리켜야 합니다. 이는 he, she, it과 같은 여타 대명사에도 유효한 규칙인데, 가장 흔히 실수하는 유형이 위 예문에서 소개한 경우입니다. 만약 여러분의 문장에서 대명사가 가리키는 것이 명확하지 않다는 생각이 들면 해당 문장에 다음 테스트를 해보기 바랍니다.

1. 대명사를 찾습니다.

2. 해당 대명사를 선행사와 교체합니다. 여기서 명사는 반드시 정확한 단어여야 합니다.

3. 말이 안 되면 문장을 다시 써야 합니다.

적합한 인칭의 선택

여러분이 써야 하는 글이 특정한 인칭(일인칭, 이인칭, 삼인칭)으로 작성되어야 하는 경우가 있을 수 있습니다.

일인칭 대명사에는 I, me, my, mine, we, our, us가 있으며, 일인칭 관점은 저자 또는 화자의 개인적인 관점을 표현합니다. (I will bring the book to Jack나는 잭에게 책을 가지고 갈 것이다.) 이인칭 대명사에는 you, your, yours가 있으며 이인칭 관점에서 표현된 내용은 청자 또는 독자에게 직접 말하는 것입니다. (You will bring the book to Jack너는 잭에게 책을 가지고 갈 것이다.) 삼인칭 대명사에는 he, she, him, her, his, hers, they, them, their, theirs가 있으며, 객관적인 작가 또는 다른 인물의 관점에서 표현된 내용입니다. (They will bring the book to Jack그들이 잭에게 책을 가지고 갈 것이다.)

만약 수업 과제로 제출하기 위해 쓰는 글이라면 인칭에 대한 요구 사항이 있는지(즉, 일인칭, 이인칭, 삼인칭을 써야 하는지) 확인하기 바랍니다. 대부분 학술적 글쓰기는 삼인칭으로 써야 합니다. 만약 업무상으로 작성하는 글이라면 인칭 사용과 관련한 지침이 있는지 확인해보세요. 만약 확신이 없는 경우에는 삼인칭을 쓰기 바랍니다.

인칭 변화

작문할 때 가장 흔히 나타나는 문제점 가운데 하나가 인칭 변화입니다. 글쓴이가 일인칭 또는 삼인칭으로 글을 시작해서 이유 없이 이인칭으로 전환하는 것입니다. 예를 들어보겠습니다.

Even in a casual atmosphere I can be embarrassed by someone else, and this causes you to become tense. For instance, somebody you know can embarrass you at a party or in a class. It's so simple for a stranger to embarrass you. This can be upsetting, depending on the kind of person you are; it can be hurtful even if you are mentally strong.

나는 격식을 차리지 않는 자리에서도 다른 사람에 의해 겸연쩍어지고, 이는 당신을 긴장하게 만든다. 예를 들어, 당신이 아는 사람이 파티나 교실에서 당신을 부끄럽게 만들 수 있다. 낯선 사람이 당신을 당황스럽게 만드는 일은 쉽게 일어난다. 이는 당신이 정신적으로 강할지라도 당신 같은 부류의 사람에게는 마음을 상하게 하는 일이다.

글쓴이는 일인칭으로 시작한 다음(자신에 대한 이야기를 대명사 I를 활용해서 하고 있습니다) 이인칭으로 전환하였습니다. 계속해서 당신you을 활용하기 때문에 마치 글쓴이가 독자들에게 직접적으로 설교를 하는 것처럼 들릴 수 있습니다. 글쓴이는 독자가 누구인지 모를 뿐만 아니라 독자가 쉽게 창피해하는 성향을 가진 사람인지 또한 모릅니다. 첫 문장을 제외하고는 문단의 나머지 부분은 일인칭으로 바꿔 다시 써야 합니다. 다음은 그렇게 수정한 것입니다.

Even in a casual atmosphere I can be embarrassed by someone else, and this causes me to become tense. For instance, somebody I know can embarrass me at a party or in a class. It's so simple for a stranger to embarrass me. This can be upsetting because of the kind of person I am, and it can be hurtful even if I am mentally strong.
나는 격식을 차리지 않는 자리에서도 다른 사람에 의해 겸연쩍어지고, 이는 나를 긴장하게 만든다. 예를 들어, 내가 아는 사람이 파티나 교실에서 나를 부끄럽게 만들 수 있다. 낯선 사람이 나를 당황시키는 일은 쉽게 일어난다. 이는 내가 정신적으로 강할지라도 나 같은 부류의 사람에게는 속상하거나 마음을 상하게 하는 일이다.

만약 삼인칭으로 시작했다면(작문할 때 가장 흔히 사용됩니다) 삼인칭을 계속 쓰세요. 만약 일인칭으로 시작했다면(작문할 때 두 번째로 흔히 사용됩니다) 일인칭을, 이인칭으로 시작했다면 이인칭을 계속 써야 합니다. 일관성이 가장 중요합니다.

이인칭 활용법

때로는 삼인칭보다 덜 격식적인 어조가 필요할 때가 있습니다. 이인칭으로 쓰인 글은 일인칭이나 삼인칭보다 대화체에 더 가까운 어조를 가지고 있습니다. 예문을 보겠습니다.

You'll need to watch the mixture carefully, and you may have to stir it quite often. When you get to the last step, make sure you add the final three ingredients slowly. If you add them too quickly, the combination will not blend and you'll have a mess on your hands.
혼합물을 유심히 보세요. 그리고 자주 저어줘야 합니다. 최종 단계가 되면 마지막 세 가지 재료를 천천히 넣는 것을 잊지 마세요. 만약 재료를 너무 빨리 첨가하게 되면 혼합물이 제대로 섞이지 않아 엉망이 될 수 있기 때문입니다.

윗글은 독자에게 직접 이야기를 하는 어조로 어떻게 요리를 해야 하는지 알려줍니다. 같은 내용을 삼인칭으로 쓴 것을 보겠습니다.

The mixture must be watched carefully, and it may have to be stirred quite often. At the last step, it is important that the final three ingredients be added slowly. If they are added too quickly, the combination will not blend and a mess will be created.

혼합물은 유심히 다루어져야 하며, 자주 저어줘야 한다. 최종 단계에서 마지막 세 가지 재료를 천천히 넣는 것이 중요하다. 만약 재료들이 너무 빨리 첨가되면 혼합물이 제대로 섞이지 않아 문제가 될 수 있다.

어떤가요? 다소 지루하고 부자연스럽게 들리지 않습니까? 지시문은 이인칭으로 쓰는 것이 훨씬 좋습니다.

인칭 대명사의 격

인칭 대명사에는 주격, 목적격, 소유격 이렇게 세 가지의 격이 있습니다. 대명사가 문장에서 어떻게 쓰이느냐에 따라 어떤 격을 써야 하는지가 결정됩니다.

1. **주격 대명사**에는 I, you, he, she, it, we, they가 있습니다.
2. **목적격 대명사**에는 me, you, him, her, it, us, them이 있습니다. (You와 it는 주격 및 목적격 대명사에 모두 포함된다는 것을 알 수 있습니다. 이유는 나중에 설명하겠습니다.)
3. **소유격 대명사**에는 my, your, his, her, its, our, their가 있습니다. (일부 문법학자들은 소유격 대명사를 형용사로 간주합니다. 여기서는 이러한 대명사를 다루지 않습니다. 활용할 때 문제가 되는 경우가 많지 않기 때문입니다.)

주격 대명사

주격 대명사는 문장 내에서 주어로 쓰입니다.(여러분이 누구 또는 무엇에 대해 이야기하는지.) 예문을 몇 개 보도록 하겠습니다.

I am going to leave for my appointment.
나는 약속이 있어서 갈 것이다.

She is late already.
그녀는 이미 늦었다.

They will never make it on time.
그들은 결코 약속 시간 안에 도착하지 못할 것이다.

주어가 복합 주어인 경우 때때로 문제가 생깁니다. 예를 들어보겠습니다.

His brothers and him are going to the ball game.
그와 그의 형제들이 야구 경기를 보러 간다.

Margaret, Elizabeth, and me were at the mall for four hours yesterday.
마거릿, 엘리자베스, 나는 어제 4시간 동안 쇼핑몰에 있었다.

Me and her see eye-to-eye on lots of things.
그녀와 나는 많은 사안에 대해 의견을 같이한다.

위 예문들에서 활용된 대명사들은 잘못 쓰인 것들입니다. 대명사들이 문장에서 주어로 쓰였기 때문에 모두 주격 대명사(I, you, he, she, it, we, they)로 써야 합니다. 그렇기 때문에 예문들을 다음과 같이 고쳐 씁니다.

His brothers and **he** are going to the ball game.

Margaret, Elizabeth, and **I** were at the mall for four hours yesterday.

I and she see eye-to-eye on lots of things.

(사실 타인을 먼저 언급하는 것이 더 정중한 표현으로 간주되므로 아래와 같이 쓰는 것이 좋습니다.)

She and **I** see eye-to-eye on lots of things.

올바른 대명사를 썼는지 확실하지 않으면 하나의 주어만 쓰거나 말해보세요. 아무도 다음과 같이 말하지는 않을 것입니다.

Him is going to the ball game.

Me was at the mall for four hours yesterday.

하나의 주어만 있을 때 사용하는 대명사들(he 그리고 I)로 바꾸기 바랍니다.

목적격 대명사

목적격 대명사는 문장 내에서 목적어로 쓰입니다. 몇 가지 예문을 보도록 하겠습니다.

Terry came to see her last night.

어젯밤 테리는 그녀를 만나기 위해 왔다.

For the twins' birthday, Mother gave them several new CDs.

쌍둥이의 생일을 맞아 엄마는 그들에게 새로운 CD들을 사줬다.

복합 주어와 마찬가지로 문장에 복합 목적어가 있는 경우 오류가 발생합니다. 사람들은 때때로 다음과 같은 문장들을 쓰거나 말합니다.

The argument arose last night between Carla and she.

어젯밤에 카를라와 그녀 사이에 논쟁이 벌어졌다.

Please buy a raffle ticket from Nonnie or I.

노니 혹은 저로부터 복권을 사기 바랍니다.

위 예문들은 대명사가 잘못 쓰였습니다. 대명사들이 모두 목적어의 역할이기 때문에 목적격 대명사(me, you, him, her, it, us, them)를 써야 합니다. 그러므로 예문들을 다음과 같이 다시 써야 합니다.

The argument arose last night between Carla and **her.**

Please buy a raffle ticket from Nonnie or **me**.

주격 대명사가 올바르게 사용되었는지 확인할 때와 같은 방법으로 목적격 대명사를 확인해주면 됩니다. 대신 목적어 형태로 대체해야 합니다. 즉, 하나의 목적어만 쓰거나 말해보기 바랍니다. 아무도 다음과 같이 말하지는 않을 것입니다.

The argument arose last night between she.

Please buy a raffle ticket from I.

대명사들만 독립적으로 봤을 때 잘못된 대명사라는 것이 느껴지면 이는 잘못된 격을 사용했기 때문입니다. 하나의 목적어만 있을 때 일반적으로 쓰는 대명사로 바꾸기 바랍니다.

그나저나 you와 it은 왜 주격 및 목적격 대명사 목록에 모두 포함되었을까요? 이는 다른 대명사들(예를 들어 I와 me)과는 다르게 이 두 단어는 같은 형태로 활용되기 때문입니다.

It was nice to get a surprise in the mail.

뜻밖의 소식을 우편을 통해 받아서 좋았다. (It은 주어로 쓰였습니다.)

I got it in the mail.

나는 우편을 통해 받았다. (It은 목적어로 쓰였습니다.)

You called me at four o'clock?

네가 4시에 나한테 전화를 했다고? (You는 주어로 쓰였습니다.)

I called you back at five o'clock.

내가 네게 5시에 전화를 했다. (You는 목적어로 쓰였습니다.)

Than, As와 관련된 문제

대명사와 관련된 또 다른 문제는 문장에서 than 또는 as 다음에 단어들을 생략할 때 간혹 발생합니다. 예문을 보겠습니다.

Greg said to Grace, "I always thought Mother liked you more than me."
그레그는 그레이스에게 "나는 엄마가 나보다 너를 더 좋아한다고 항상 생각했었다"라고 말했다.

Greg said to Grace, "I always thought Mother liked you more than I."
그레그는 그레이스에게 "나는 내가 너를 좋아하는 것보다 엄마가 너를 더 좋아한다고 항상 생각했었다"라고 말했다.

Than 다음에 생략된 단어들을 되살리면 문장들이 실제로 의미하는 바가 분명해집니다.

Greg said to Grace, "I always thought Mother liked you more than (she liked) me."
Greg said to Grace, "I always thought Mother liked you more than I (liked you)."
(어느 쪽이든 그레그는 꽤나 뚱해 있을 만한 상황입니다.)

As 다음에 단어들을 생략할 때도 위와 비슷한 종류의 혼란이 생길 수 있습니다. 예를 들어, 혹자는 다음과 같은 문장을 말하거나 쓸 수 있습니다.

My husband finds physics as interesting as me.

위 문장을 읽어보면 남편은 물리라는 과목과 그의 아내에게 비슷한 정도의 관심이 있다는 것을 내포하거나 그렇게 해석할 여지가 있습니다. 이제 수정된 문장을 보기 바랍니다.

My husband finds physics as interesting as I (do).

위 문장은 둘 다 (남편과 아내 둘 다) 동일하게 물리에 관심이 있다는 것을 의미합니다. 글쓴이가 의도한 것은 아래 문장이라 생각됩니다. 이와 같이 문장 끝에 than 또는 as를 활용할 때 빠뜨린 동사를 생각해서 넣어보면 어떤 대명사를 써야 하는지 알아낼 수 있습니다.

Who와 Whom: 다른 개념

Who와 whom 중 무엇을 쓸지 결정하는 것은 아마 대명사와 관련된 문제 가운데 가장 어려운 문제일 겁니다. "The man who I called this morning has already placed an order"라고 쓰는 것이 맞을까요, 아니면 "The man whom I called this morning has already placed an order"라고 쓰는 것이 맞을까요? 또는 "The student who is early will get the best seat"과 "The student whom is early will get the best seat" 중에서 어떤 것을 고를지 어떻게 결정할 수 있을까요?

만약 who와 whom(또는 whoever와 whomever) 중에서 어떤 것을 써야 할지 결정을 내리기 힘들다면 다음 방법을 활용해보기 바랍니다.

1. who, whom과 관련된 절만 봐야 한다는 것을 기억하세요. 하나의 절로 된 문장의 경우 적절한 단어를 찾는 것이 어렵지 않습니

다. 하지만 대부분의 경우 문장은 하나 이상의 절로 이루어져 있습니다.(하나의 독립절과 하나 또는 그 이상의 종속절들.)

2. 필요하다면 단어들의 위치를 바꿔서 의문문이 아닌 평서문이 되게끔 만들기 바랍니다.

3. 이제 who를 he로, 또는 whom을 him으로 치환해보세요. 그러면 who와 whom 중 어떤 것을 쓰는 게 나은지 알게 될 겁니다. 다음 기억법을 활용하기 바랍니다. he=who, him=whom.(마지막이 m으로 끝나는 걸 떠올리면 쉽게 기억할 수 있습니다.)

4. 술어 주격을 주의하기 바랍니다. 단어들의 위치를 바꾼 다음에 행위 동사가 아닌 연결 동사가 있으면 him(whom) 대신 he(who)를 쓰기 바랍니다.

자, 그럼 이 방법을 한번 적용해볼까요?

(Who, Whom) telephoned so late last night?

위 문장은 단어의 위치를 바꿀 필요가 없습니다. Who/whom 자리에 He를 넣으면 온전한 문장이 되기 때문입니다. "He telephoned so late last night(그는 어제 밤늦게 전화를 했다)." Him이 아닌 he로 치환했기 때문에(he=who란 것을 기억하기 바랍니다) 원래 질문에서 who를 사용해야 알맞다는 사실을 알 수 있습니다.

이번에는 다음 문장을 보기 바랍니다.

(Who, Whom) were you telephoning so late at night?

단어의 위치를 바꿔서 평서문을 만들어보기 바랍니다. 그다음 he 혹은 him으로 치환하면 다음 문장이 됩니다. "You were telephoning him so late at night(당신은 어제 밤늦게 그와 전화했다)." 새로운 문장에서 him이 알맞기 때문에 원래 질문에서 whom을 사용해야 함을 알 수 있습니다.

다음은 조금 더 까다로운 예문을 보도록 하겠습니다.

Eugene worried about (who, whom) Eddie would be teamed with in the competition.

이 문장은 두 개의 절로 이루어져 있지만 우리는 who/whom 질문을 포함한 절만 신경 쓰면 됩니다. About 뒤에 나오는 단어들의 위치를 바꿔서 평서문을 만들고 he 또는 him으로 치환해보면 다음 문장이 됩니다. "Eddie would be teamed with him in the competition(에디는 대회에서 그와 함께 팀을 이룰 것이다)." 여기에는 him이 알맞기 때문에 원래 문장에서 whom을 사용해야 함을 알 수 있습니다. (him=whom을 기억하기 바랍니다.) 그러면 다음과 같은 문장이 됩니다.

Eugene worried about whom Eddie would be teamed with in the competition.
유진은 대회에서 에디가 누구와 팀을 이룰 것인지에 대해 걱정을 했다.

CHAPTER 6

구두법과 문체

구두법의 중요성

독자와 저자가 일정한 서식을 활용하지 않으면, 다시 말해서 대문자 및 구두점 등을 적용하지 않으면 혼란을 야기할 수 있습니다. 다음 글을 보기 바랍니다.

When the envelope arrived i opened it and screamed this is it i yelled loudly enough to wake up the whole neighborhood running up from the basement my husband asked whats wrong nothing wrong i hastened to reply weve just become the latest winners in the state sweepstakes now well have enough money to go on that vacation weve dreamed about

대문자 및 구두점 없이는 단어들이 엉켜 있게 됩니다. 적절한 대문자 및 구두점을 활용해서 글을 다시 쓴다면 윗글을 보다 쉽게 읽을 수 있을 것입니다.

When the envelope arrived, I opened it and screamed. "This is it!" I yelled loudly enough to wake up the whole neighborhood. Running up from the basement, my husband asked, "What's wrong?" "Nothing's wrong," I hastened to reply. "We've just become the latest winners in the state sweepstakes. Now we'll have enough money to go on that vacation we've dreamed about."
봉투가 도착했을 때, 나는 그것을 열어보고는 소리를 쳤다. "이거야!" 내가 너무 크게 소리쳐서 온 동네 사람들을 잠에서 깨울 정도였다. 지하실에서 뛰어 올라오면서 남편이 물었다. "무슨 일 있어?" "무슨 (안 좋은) 일은 아니야." 나는 재빨리 답했다. "우리가 얼마 전 주州에서 열린 내기 경기에서 이겼어. 이제 우리가 그동안 꿈꿔오던 여행을 갈 충분한 돈이 생길 거야."

훨씬 나아졌다고 생각하지 않습니까? 같은 단어를 썼지만 적절한 대문자 및 구두점들을 적용했기 때문에 글을 쉽게 읽고 이해할 수 있습니다.

문장을 끝내기

문장의 끝부터 시작해보겠습니다. 문장이 끝났음을 알리는 구두점으로는 세 가지가 있는데, 바로 마침표, 물음표, 감탄 부호입니다.

마침표

평서문(사실을 서술하는 글) 또는 명령문(명령하거나 요구 사항을 서술하는 글)의 끝을 알리는 데 가장 흔히 활용하는 구두점이 마침표입니다.

[평서문]

The majority of the viewers stopped watching the program after the format was changed.

프로그램의 형식이 바뀐 다음 대다수의 시청자가 프로그램을 보지 않았다.

[명령문]

Hand me the pen that rolled near you.

당신 쪽으로 굴러간 펜을 제게 건네주세요.

마침표는 축약할 때도 활용됩니다. Dr., Mr., Ms., Rev., i.e., etc. 그리고 et al. 등이 그 예입니다.

물음표

물음표는 직접 질문하는 문장 또는 질문 형태로 끝나는 문장 끝에 쓰입니다. 또한 문장의 내용에 대한 의구심 또는 불확실성(예를 들어 이름, 날짜 또는 단어)이 있음을 나타내고자 할 때 쓰입니다. 생년월일 및 사망 연월일와 같은 경우에 물음표는 생년월일을 정확하게 확인하지 못했음을 의미합니다(예를 들어 ?-1565). 다음 예문들을 보기 바랍니다.

The police are searching for a fugitive known only as Richard-O(?) in connection with the crime.

경찰은 범죄와 관련된 리처드-O(?)라고만 알려진 탈주범을 찾고 있다. (탈주범의 이름에 대한 불확실성을 나타냅니다.)

Paul said he would donate five thousand(?) dollars to the charity.

폴은 자선단체에 5000달러(?)를 기부할 것이라고 말했다. (기부금의 정확한

액수에 대한 불확실성을 나타냅니다.)

제목에 물음표가 있다면 이를 포함해서 쓰는 것을 잊지 마세요.

I refuse to watch that new television program *Can You Believe It?*
나는 〈믿을 수 있나요?〉라는 새로운 텔레비전 프로그램 시청을 거부한다.

만약 완전한 문장이 아닌 일련의 질문들이 나열되는 경우 각 조각문fragment 끝에 물음표를 붙여야 합니다.

Can you believe that it's ten below zero? or that it's snowing? or that my electricity has gone off? or that the telephone has gone out? or that I'm completely out of snacks to get me through this weather?
지금 영하 10도라는 것을 믿을 수 있어? 또는 눈이 내리고 있다는 것을? 또는 전기가 끊겼다는 것을? 또는 전화가 끊겼다는 것을? 또는 이런 날씨 속에서 버티기 위한 간식거리가 다 떨어진 것을?

느낌표

느낌표는 강한 감정을 표현하고자 할 때 쓰입니다. 다음 예문들 사이에는 꽤나 큰 차이점이 있습니다.

Out of the blue, Marsha called Kyle last night.

Out of the blue, Marsha called Kyle last night!

어젯밤에 마샤가 카일에게 난데없이 전화를 했다.

두 번째 문장은 첫 번째 문장과 달리 독자에게 마샤가 카일에게 전화를 한 것이 무엇인가 놀라운 사실임을 알려줍니다. 하지만 격식을 갖춘 글에서는 느낌표를 쓰지 않아야 합니다.(자료를 인용하거나 느낌표가 있는 제목을 인용할 때 제외.) 격식을 갖추지 않은 글에서는 여러분이 생각하기에 놀라운 정보 또는 여러분을 들뜨게 하는 정보 뒤에 느낌표를 써도 됩니다.

Paul said that he would donate five thousand dollars(!) to the charity.

폴이 자선단체에 5000달러(!)를 기부할 것이라고 말했다.

또는

Paul said that he would donate five thousand dollars to the charity!

물음표의 경우처럼 제목에 느낌표가 포함되어 있는지 확인하기 바랍니다. 만약에 제목의 일부라면 반드시 포함해야 합니다.

I refuse to watch that new television program *I Can't Believe It!*

나는 〈믿을 수 없어!〉라는 새로운 텔레비전 프로그램 시청을 거부한다.

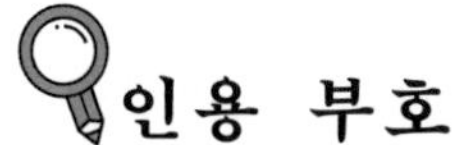

인용 부호

인용 부호(" ")의 가장 흔한 쓰임은 독자에게 어떤 사람이 사용한 단어와 말한 순서를 그대로 보여줄 때입니다. 이를 직접 인용이라 일컫습니다. 다음 예문들 사이의 차이점에 주목해보세요.

[직접 인용]

The bank robber said, "Hand over the money."

은행 강도가 "돈 내놔"라고 말했다.

[간접 인용]

The bank robber said to hand over the money.

은행 강도가 돈을 내놓으라고 말했다.

두 문장은 같은 의미를 전달하지만 인용 부호를 활용하면 독자에게 어떠한 사람이 한 말을 그대로 옮겼다는 사실을 알려줄 수 있습니다.

인용 부호를 사용할 때 가장 흔히 하는 실수 중 하나가 간접 인용(다시 말해서 화자가 쓴 단어 및 순서 그대로가 아닌 경우)을 하는 문장에서 said 또는 asked와 같은 단어 다음에 바로 인용 부호를 쓰는 것입니다. 예를 들어 보겠습니다.

[올바른 방식]

Harry asked if Anna would pass him the butter.

해리는 애나에게 버터를 건네줄 수 있는지 물었다.

[틀린 방식]

Harry asked, "If Anna would pass him the butter."

해리가 물었다. "만약 애나가 버터를 건네줄 수 있는지."

인용 부호 활용 지침

1. 비록 한 단어만을 인용하더라도 화자를 바꿀 때마다 새로운 문단으로 시작하고 첫 행을 들여 써야 합니다. 이렇게 해야 독자가 누가 무슨 말을 하는지 쉽게 알아볼 수 있습니다.

다음 예문을 보세요.

Nick picked up the receiver and said, "Hello." A voice asked, "Who is this?" "Nick." "Nick who?" "Well, who is this?" "You know darned well who this is."

닉이 수화기를 들고 말했다. "누구세요?" 상대방이 물었다. "누구십니까?" "닉." "닉 누구?" "당신은 누굽니까?" "내가 누군지는 잘 알잖아."

이렇게 글을 쓰면 독자가 누가 무슨 말을 하는지 이해하기 어렵습니다.

Nick picked up the receiver and said, "Hello."

A voice asked, "Who is this?"

"Nick."

"Nick who?"

"Well, who is this?"

"You know darned well who this is."

2. 같은 자료에서 한 문장 이상을 인용하려고 할 때, 문단의 마지막 문장에만(각 문장의 끝마다 쓰는 게 아닙니다) 닫는 큰따옴표를 쓰기 바랍니다.

At the diner, Geoff said, "I'll start with a cup of coffee and a large orange juice. Then I want scrambled eggs, bacon, and toast for breakfast. May I get home fries with that?"

식당에서 제프는 "우선 커피 한 잔과 오렌지 주스 한 잔 주세요. 그다음에 스크램블드에그, 베이컨, 토스트 주세요. 아, 그리고 홈프라이도 같이 주세요"라고 말했다.

Juice 또는 breakfast 뒤에는 인용 부호가 없다는 것을 알 수 있습니다. 이는 독자에게 제프의 말이 끝나지 않았다는 것을 알려줍니다.

3. 만약 같은 자료에서 한 개 이상의 문단을 인용하려고 하면 각 문단을 여는 큰따옴표로 시작하고 마지막 문단 끝에만 닫는 큰따옴표를 쓰세요. 이는 독자에게 단어들이 같은 자료에서 연이어 나온 것임을 알려줍니다. 예문을 보겠습니다.

The ransom letter read:

"We'll expect to receive the ransom money by this afternoon. You can get it from your Grandfather Perkins. We know he's loaded.

"Tell him not to try any funny stuff. We want the money in unmarked bills, and we don't want any police involved. We'll be in touch in ten hours to tell you where to deliver the dough. Just get it and keep your mouth shut."

납치된 사람에 대한 몸값을 요구하는 편지에 다음의 내용이 쓰여 있었다.

"우리는 우리가 요구한 몸값을 오늘 오후까지 받기를 원한다. 당신은 당신의 할아버지인 퍼킨스 씨로부터 받으면 된다. 우리는 그가 부자인 것을 안다. 그에게 허튼짓은 하지 말라고 전해라. 우리는 추적 불가능한 돈을 원한다. 그리고 경찰이 관여하지 않게끔 해야 한다. 10시간 후에 돈을 어디로 가지고 오면 되는지 연락할 것이다. 연락하면 입 다물고 듣기만 해라."

첫 번째 문단 끝의 loaded 다음에는 인용 부호가 없고, 두 번째 문단의 시작과 끝에는 인용 부호가 있다는 것을 알 수 있습니다. 이는 독자에게 같은 작가가 말하고 있거나 같은 자료를 인용하고 있다는 것을 알려줍니다. 더불어 닫는 큰따옴표가 인용된 부분이 끝났음을 알려줍니다.

4. 짧은 작품들의 제목(시편, 단편 소설, 잡지나 신문의 기사 제목, 에세이, 책의 장, 노래, TV나 라디오의 1회 방송분)은 인용 부호로 묶어야 합니다.

Harry consulted a chapter called "The Art of Detection" from the book *How Mysteries Are Written*.

해리는 『미스터리는 어떻게 쓰는가』라는 책의 "탐지의 기술" 장을 참고했다.

I particularly enjoy the song, "Love Letters," which is on the CD *ABC and XYZ of Love*.

나는 '사랑의 ABC와 XYZ'란 CD에 수록된 〈사랑의 편지들〉이란 곡을 특히 좋아한다.

5. 은어, 전문 용어 또는 일반적인 용도를 벗어나서 쓰이는 표현이 있다면 인용 부호로 묶어야 합니다.

My grandfather didn't know if it was a compliment or an insult when I described my best friend as being "phat."

우리 할아버지께서는 내가 내 친구를 '기똥찬'이란 단어로 묘사했을 때 그것이 칭찬인지 아니면 욕인지 알지 못하셨다.

In computer discussion groups, what does "start a new thread" mean?

온라인 채팅방에서 '새로운 스레드를 시작한다'는 것이 무슨 뜻입니까?

6. 마침표 및 쉼표는 인용 부호 안에 들어간다는 것을 기억하세요. 콜론과 세미콜론은 닫는 큰따옴표 뒤에 써야 한다는 것 또한 기억하기 바랍니다. 이런 방법으로 쓰는 것이 맞지 않게 보일 수 있

습니다만(영국식 영어에서는 이런 방법을 쓰지 않습니다) 미국에서는 이런 방법으로도 작문합니다. 다음 문장을 보시죠.

I was reading the short story "Scared Out of My Wits," but I fell asleep in spite of myself.

나는 단편 소설 「혼비백산하다」를 읽고 있었는데 나도 모르게 잠이 들었다.

위 문장을 보면 쉼표가 Wits 뒤에 그리고 닫는 큰따옴표 앞에 있다는 것을 알 수 있습니다. 이제 다음 문장을 보기 바랍니다.

I was reading the short story "Scared Out of My Wits"; I didn't find it to be scary at all.

나는 단편 소설 「혼비백산하다」를 읽고 있었다. 나는 이 소설이 무섭다고는 전혀 생각하지 않았다.

세미콜론이 Wits 뒤에 그리고 닫는 따옴표 밖에 있다는 것을 알 수 있습니다.

7. 구두점 중에 물음표와 느낌표는 무엇이 인용된 것인지에 따라 닫는 큰따옴표 안에 쓰이기도, 밖에 쓰이기도 합니다. 예를 들어, 인용하는 부분이 질문일 경우 물음표는 닫는 큰따옴표 안에 써야 합니다.

Martha said, "Did you fall asleep reading the story?"

마사는 "너 소설 읽다가 잠 들었니?"라고 물었다.

마사가 실제 쓴 단어들이 질문을 형성하기 때문에 물음표가 닫는 큰따옴표 안에 있습니다. 느낌표도 같은 방법으로 써야 합니다.

Martha shouted, "I hope you know what you're doing!"

마사는 "네가 무슨 짓을 하고 있는지 알지!"라며 소리 질렀다.

이제 다음 문장을 보기 바랍니다.

Did Martha say, "You must have fallen asleep"?

마사가 "당신은 잠이 들었군요"라고 말했나요?

마사가 실제 쓴 단어들("You must have fallen asleep")이 질문을 형성하는 게 아니라 문장 전체가 질문을 형성합니다. 독자에게 이것을 나타내기 위해 물음표는 닫는 큰따옴표 밖에 있습니다. 다음 예문을 보시죠.

Martha actually said, "You must be right"!

마사가 실제로 "당신 말이 분명 맞을 거야"라고 말했다!

위 예문과 마찬가지로 마사가 실제 쓴 단어들이 아니라 문장 전체가 감탄문을 형성하기 때문에 느낌표는 닫는 큰따옴표 밖에 있습니다.

그렇다면 만약 문장 전체가 그리고 실제 인용하는 부분이 모두 질문 또는 감탄문을 형성할 경우에는 어떻게 해야 할까요? 물음표 또는 느낌표 중에 하나만 사용하고 큰따옴표 안에 넣습니다. 예문입니다.

Did I hear Martha say, "Who called this afternoon?"
마사가 "오늘 오후에 누가 전화를 했냐?"라고 한 것을 들은 것 같아요. 맞나요?

작은따옴표

미국에서는 인용한 글 안에서 또 다른 인용을 할 때 작은따옴표를 사용합니다.

"Mark said, 'I'll be fine,' but then he collapsed," cried Shameka.
섀임카가 "마크는 '난 괜찮을 거야'라고 말한 다음 쓰러졌어"라며 울부짖었다.
"I'm reading the story 'Plaid Blazers and Other Mysteries,'" said Laura.
로라는 "난 '타탄 무늬 블레이저와 미스터리들'이란 책을 읽고 있어"라고 말했다.

마크가 말한 "I'll be fine" 및 단편 소설의 제목(Plaid Blazers and Other Mysteries)은 원래 큰따옴표로 묶여야 합니다. 하지만 이 구절들이 이미 큰따옴표 안에 있기 때문에 작은따옴표를 사용하여 독자에게 인용된 부분 또는 제목이 어디에서 시작하는지 알려줘야 합니다.

아포스트로피 활용법

사람들은 아포스트로피의 사용 목적에 대해 자주 혼동하면서 아포스트로피를 다양한 창의적인 방법으로 활용하곤 합니다.

Special price's this week! Rent two movie's today! Five can's for $4.00!

특별한 가격의 이번 주! 두 영화의 오늘을 대여하세요! 다섯 캔의 4달러!

위 예문의 어떤 단어도 아포스트로피를 필요로 하지 않습니다. 각 단어 모두 단순히 복수이며 복수를 나타내기 위해서 아포스트로피를 활용하는 경우는 거의 없습니다. 아포스트로피의 활용은 어려울 게 없습니다. 아포스트로피의 활용법 중에서 가장 간단한 축약부터 살펴보도록 하겠습니다.

축약

아포스트로피는 주로 단어를 이루는 글자들 중 최소 한 글자가 생략되었음을 나타냅니다. 이를 축약이라 일컫습니다. 예를 들어, don't는 do not을 축약한 것입니다. Not에서 o가 생략된 것이죠. I'll은 I will을 축약한 것입니다. 이 경우에는 will에서 wi가 생략된 것입니다. 다른 예시들을 몇 개 더 보겠습니다.

완전한 형태	축약된 형태
is not	isn't
cannot	can't
she will	she'll
you have	you've
he is	he's

소유

아포스트로피를 쓰기 전에, 문장에서 해당 단어가 실제로 소유를 나타내는 것인지 단순히 복수를 나타내는 것인지 확인해보세요. 예를 들어, the babies' rattles(아기들의 딸랑이들)라는 구절에서 아기들이 딸랑이들을 소유하기 때문에 아포스트로피를 썼습니다. The babies in their cribs(아기 침대에 있는 아기들)라는 구절에서 아기들이 소유하는 것이 없기 때문에 아포스트로피를 쓸 필요가 없습니다. 다음은 아포스트로피 활용법을 이해하기 위한 몇 가지 지침입니다.

1. 만약 단수 명사가 –s로 끝나지 않으면 이 단어의 소유격은 –'s로 끝납니다. 이게 무슨 뜻이냐고요? 다음 예문을 보기 바랍니다.

The cars engine was still running.

자동차들 엔진의 시동이 아직 걸려있었다.

Cars가 소유를 나타내기 위해서는 아포스트로피가 필요한데 어디에 적용해야 할까요? 아포스트로피를 어디에 적용해야 하는지 파악하려면 다음 방법을 활용해보기 바랍니다.

아포스트로피를 필요로 하는 단어(cars)와 그 단어가 이야기하려는 단어(engine)를 가지고 머릿속으로 단어의 순서를 바꿔서 전치사의 목적어(예를 들어 of)가 되게 합니다.

Cars engine의 순서를 바꾸면 engine of the car가 됩니다. 이제 car란 단어를 보기 바랍니다. Car는 단수이고 –s로 끝나지 않기 때문에 원래 단어에 –'s를 적용해야 합니다. 그렇게 하면 문장이 다음과 같이 됩니다.

The car's engine was still running.

자동차 엔진의 시동이 아직 걸려있었다.

단수 명사에 아포스트로피를 적용한 또 다른 예시들입니다.

섀넌의 책

the lion's mane

사자의 갈기

a book's pages

책의 페이지들

2. 만약에 복수 명사가 –s로 끝나면(많은 경우에 이렇습니다) 마지막 –s 다음에 아포스트로피를 추가하기 바랍니다. 아포스트로피를 어디에 적용해야 하는지 파악하기 위해 지침 1에서 언급된 방법, 즉 두 단어의 순서를 바꾸는 방법을 똑같이 적용해볼 수 있습니다. 자신들의 재킷을 놓고 간 두 여자아이에 대한 문장을 보겠습니다.

The girls jackets were left in the coatroom.

여자아이들 재킷들은 휴대품 보관소에 있었다.

이제 위 방법을 적용해볼까요? Girls jackets의 순서를 바꾸면 jackets of (belonging to) the girls가 됩니다. 이번에는 girls가 –s로 끝납니다. 이는 girls의 –s 뒤에 아포스트로피를 추가해야 한다는 것을 알려줍니다. 그렇게 하면 문장이 다음과 같이 됩니다.

The girls' jackets were left in the coatroom.

여자아이들의 재킷은 휴대품 보관소에 있었다.

다음은 복수 명사에 아포스트로피를 적용한 예시들입니다.

five musicians' instruments

다섯 음악가들의 악기

twenty-four years' worth

24년 치의 값어치

ten trees' branches

열 그루 나무들의 가지들

영어 단어의 복수 형태는 대부분 -s 또는 -es로 끝나지만 몇 가지 예외들이 있습니다. (예를 들어 children, women, deer.) 만약 단어의 복수 형태가 -s로 끝나지 않으면 이런 단어들의 소유격은 -'s를 붙입니다. (즉, 단어를 단수처럼 취급하면 됩니다.)

the children's coats

아이들의 코트들

the men's scores

남자들의 점수

the oxen's yokes

소들의 멍에들

까다로운 경우의 마지막 유형은 단수 단어들 중에서 -s로 끝나는 것입니다. 이런 경우 구두점을 찍는 방법은 두 가지(지침 3, 4)가 있습니다. 지침 3이 지침 4보다 더 자주 쓰입니다만 여러분의 선생님 또는 고용주에게 선호하는 방식이 있는지 문의하기 바랍니다.

3. 만약 단수 단어가 -s로 끝날 경우 소유격을 형성할 때 -'s를 추가하기 바랍니다.(Moses 또는 Achilles와 같이 단어를 발음하기 어려운 상황을 제외하고.) 다음 문장을 보겠습니다.

Julie Jones help was invaluable in finding a new apartment.

새 아파트를 찾는 데 줄리 존스 도움이 매우 유용했다.

지침 3을 적용하면 Jones는 단수이고 -s로 끝나기 때문에 소유격을 나타내기 위해서는 -'s를 추가해야 합니다. 그러므로 구두점을 다음과 같이 찍어야 합니다.

Julie Jones's help was invaluable in finding a new apartment.

새 아파트를 찾는 데 줄리 존스의 도움이 매우 유용했다.

하지만 혹자는 다른 규칙을 적용하라고 할 수 있습니다.

4. -s로 끝나는 단수 단어의 소유격을 만들 때 -s 다음에 아포스트로피를 추가하기도 합니다. 이 경우에는 문장이 다음과 같이 됩니다.

Julie Jones' help was invaluable in finding a new apartment.

공동 소유 대 개인 소유

여러분이 얘기하는 사람(들)이 소유하는 물건이 공동 소유인지 아니면 개인 소유인지 아포스트로피를 활용해서 나타낼 수 있는 방법이 있습니다. 다음 문장을 보겠습니다.

Jim and Allisons cars were stolen.

여기서 문제는 짐과 앨리슨이 자동차들을 공동으로 소유했는지 아니면 각각 소유했는지 불분명합니다. 만약 짐과 앨리슨이 결혼한 부부이고 그들이 공동으로 소유하는 두 대의 자동차를 불행하게도 도난당했다면 문장 내에서 구두점을 다음과 같이 찍어야 합니다.

Jim and Allison's cars were stolen.
짐과 앨리슨의 자동차들이 도난당했다.

소유를 나타내는 아포스트로피는 마지막에 언급된 사람의 이름 뒤에만 씁니다. 이렇게 아포스트로피를 쓰면 독자에게 짐과 앨리슨이 자동차들을 공동으로 소유했다는 것을 알려줍니다.

그러나 짐과 앨리슨이 이웃이었고 그들이 사는 동네에 자동차 도난 사건이 발생했다면 구두점을 다음과 같이 찍어야 합니다.

Jim's and Allison's cars were stolen.
짐의 자동차와 앨리슨의 자동차가 도난당했다.

소유를 나타내는 아포스트로피를 두 사람의 이름 뒤에 모두 씁니다. 이렇게 아포스트로피를 쓰면 독자는 짐과 앨리슨이 자동차를 각각 소유했음을 알 수 있습니다.

아포스트로피로 복수형 만들기(예외적인 경우)

'아포스트로피 활용법' 서두에서 잘못된 아포스트로피 활용법으로 언급했던 아래의 예문을 기억하시지요?

Special price's this week! Rent two movie's today! Five can's for $4.00!

여기서 아포스트로피가 쓰인 단어들은 모두 그저 복수형일 뿐입니다. 어떠한 형태의 소유를 나타내지 않기 때문에 아포스트로피가 필요 없습니다. (만약 아포스트로피를 써야 하는지 말아야 하는지 확실하지 않으면 문제의 단어가 무엇인가를 소유하는지 자문해보세요.)

아포스트로피를 활용해서 복수형을 만드는 몇 가지 드문 경우들이 있습니다. 첫 번째는 축약이 쓰여 하나 이상의 마침표가 있는 경우입니다.

M.D. = M.D.'s

(M.D.는 의학 박사Doctor of Medicine를 뜻합니다.)

또한 관용구(숙어) 중에서 개별 문자나 복합 문자가 있는 경우에는 아포스트로피를 활용해서 그 문자들의 복수형을 만듭니다.

Dot your i's and cross your t's.

하나하나 꼼꼼히 마무리 짓기 바랍니다. (직역하면 "i에는 점을 찍고, t에는 가로줄을 그으세요.")

(이런 경우 어떤 작문 책은 복수형으로 만들고자 하는 문자를 이탤릭체로 쓰지 말라고 하고 어떤 작문 책은 정반대의 얘기를 합니다.)

아포스트로피를 활용해서 복수형을 만드는 또 하나의 경우는 독자가 -s 하나만으로는 헷갈릴 수 있을 때입니다. (예를 들어, 개별 문자나 복합 문자에 -s를 붙이는 경우 또는 하이픈으로 연결된 합성어들 또는 명사로 쓰인 숫자들.)

s = s's

(ss 대신에 이렇게 쓸 수 있습니다.)

쉼표

쉼표는 독자들로 하여금 문장 내에 잠시 휴지休止가 있어야 한다는 것을 알려주고, 특정한 단어나 구절들이 문장의 다른 부분들과 어떤 관계를 맺는지 파악할 수 있도록 합니다. 다음 문장을 볼까요.

Will you call Mary Alice Lee and Jason or should I?

위 예문이 무엇을 말하는 것일까요? 쉼표를 어디에 넣느냐에 따라 문장의 의미가 완전히 달라집니다.

Will you call Mary, Alice, Lee, and Jason, or should I?
당신이 메리, 앨리스, 리, 제이슨에게 전화를 할 건가요? 아님 제가 할까요?

Will you call Mary Alice, Lee, and Jason, or should I?
당신이 메리 앨리스, 리, 제이슨에게 전화를 할 건가요? 아님 제가 할까요?

Will you call Mary, Alice Lee, and Jason, or should I?

당신이 메리, 앨리스 리, 제이슨에게 전화를 할 건가요? 아님 제가 할까요?

연속된 항목들을 나열할 때

연속된 항목들을 나열할 때는 각 항목을 쉼표로 분리하세요. 예를 들어볼까요?

The new convertible 2001 Ford and Chevy pickup were involved in a wreck.

뉴컨버터블 2001 포드 셰비픽업이 사고 차량에 포함됐다.

위 예문을 보면 사고와 관련된 차량이 몇 대인지 분간하기가 어렵습니다. 아래와 같이 쉼표를 적용하면 사고와 관련된 차량이 세 대라는 것을 알 수 있습니다.

The new convertible, 2001 Ford, and Chevy pickup (…)

뉴컨버터블, 2001 포드, 셰비픽업 (…)

하지만 다음과 같이 쓰면 사고와 관련된 차량이 두 대라는 것을 나타냅니다.

The new convertible 2001 Ford and Chevy pickup (…)

뉴컨버터블 2001 포드와 셰비픽업 (…)

명사를 수식하는 두 개 이상의 형용사들 사이에는 쉼표를 넣어야 합니다.

The man in the torn, tattered jacket moved quickly through the crowded, unlit street.
찢어지고 누더기가 된 재킷을 입은 남자가 불이 켜져 있지 않은 붐비는 거리를 황급히 지나갔다.

만약 첫 번째 형용사가 그 뒤에 나오는 형용사(들)와 명사의 조합 전체를 수식한다면 쉼표가 필요 없습니다.

Many countries do not have stable central governments.
많은 국가가 안정된 중앙 정부를 가지고 있지 않다.

Central governments가 하나의 구성단위로 여겨지기 때문에 이를 수식하는 형용사 stable과 쉼표로 분리할 필요가 없습니다.

만약 연속된 항목들을 and, or, nor를 써서 연결하고자 한다면 쉼표를 사용하지 마세요.

The flag is red and white and blue.
국기는 빨간색과 하얀색, 파란색으로 이루어졌다.
The flag might be red or white or blue.
국기는 빨간색 또는 하얀색 또는 파란색일 거다.

The flag is neither red nor white nor blue.

국기는 빨간색도 하얀색도 파란색도 아니다.

중문과 쉼표

만약 두 개의 독립절(완전한 생각을 전달할 수 있는 두 개의 독립적인 문장)이 있고 but, or, yet, so, for, and, not을 통해 연결하고자 한다면 쉼표를 써야 합니다.

It was more than three hours past lunchtime, and everybody was grumbling about being hungry.

점심시간이 지난 지 세 시간이 되었다. 그리고 모두 배가 고프다고 불평을 했다.

위 규칙에는 예외가 있습니다. 만약 두 개의 독립절이 짧고, 문장 내에서 쉼표 없이도 내용이 헷갈릴 위험이 없다면 쉼표를 쓰지 않아도 됩니다. 예를 들어 보겠습니다.

We filled up with gas and we went on our way.

우리는 기름을 가득 채우고 우리의 갈 길을 갔다.

만약 복합 동사가 있는 단순한 문장일 경우 동사들 사이에 쉼표를 넣지 마세요.

I wanted to get some rest [쉼표 없음] but needed to get more work done.
나는 조금 쉬고 싶었지만 할 일이 더 남았다.

인용과 쉼표

만약 he said, she replied와 같은 단어들이 인용한 문장에 끼어 들어간 경우에는 쉼표를 다음과 같이 활용하기 바랍니다.

"For this contest," he said, "you need three pencils and two pieces of paper."
"이 대회를 위해서는 당신은 연필 세 자루와 종이 두 장이 필요하다"라고 그는 말했습니다.

첫 번째 쉼표는 닫는 큰따옴표 앞에 그리고 두 번째 쉼표는 여는 큰따옴표 앞에 있다는 것을 알 수 있습니다. 만약 인용하는 단어들이 의문문이나 감탄문일 경우에는 쉼표를 넣지 마세요.

"Put that down right now!" Barry cried.
"지금 당장 그것을 내려놔!"라고 배리가 외쳤다.

절, 구, 동격, 독립어와 쉼표

절(주어와 술어가 있는 단어 묶음), 분사구, 동격(명사 또는 대명사에 대한 정보를 제공하는 단어나 구절들) 중에서 문장의 의미를 전달하는 데 꼭 필요하지 않은 내용을 떼어둘 때 쉼표를 활용할 수 있습니다. 다음 문장을 보겠습니다.

The handsome man over there, the only one who works in the deli department of the local supermarket, has black hair and brown eyes.
저기에 있는 잘생긴 남자는, 동네 슈퍼 델리 코너에서 일하는 유일한 남자이기도 한데, 검은색 머리와 갈색 눈동자를 가졌다.

만약 'the only one who works in the deli department of the local supermarket' 절을 제거한다고 해도 문장의 핵심적인 부분은 같습니다. 그 남자가 어디에서 일하는지 몰라도 그의 머리색과 눈동자 색을 알 수 있습니다. 이렇게도 생각할 수 있습니다. 만약 여러분이 쉼표를 써야 하는지 헷갈리는 부분을 제거해도 문장의 의미가 전달된다면 쉼표를 써야 합니다. 예문입니다.

The only man who works in the deli department of the local supermarket was arrested for stealing four grapes and five apples.
동네 슈퍼 델리 코너에서 일하는 유일한 남자가 포도 네 송이와 사과 다섯 개를 훔쳐서 체포되었다.

이 경우에 'who works in the deli department of the local supermarket'을 제거하면 'The only man was arrested for stealing four grapes and five apples(유일한 남자가 포도 네 송이와 사과 다섯 개를 훔쳐서 체포되었다)'가 남습니다. 이는 원문의 의미와 다릅니다. 꼭 기억하세요. 만약 의미를 전달하기 위해 추가적인 단어들이 필요하다면 쉼표를 써서는 안됩니다.

문장의 의미를 전달하는 데 필요하지 않은 감탄사, 누군가에게 직접 말을 걸 때 쓰는 호격어와 같은 독립어 뒤에도 쉼표를 씁니다. 만약 문장을 시작하는 단어들이 있는데 이 단어들 없이도 문장을 이해할 수 있다면 쉼표를 써서 문장의 나머지 부분과 분리하세요. 예를 들어 보겠습니다.

Why, don't you look nice tonight?

와, 당신 오늘 밤 아주 근사하네요!

Kayla, please help your brother find his tricycle.

카일라, 동생이 세발자전거를 찾는 걸 도와주겠니?

If you must know, I have been dyeing my hair for the past ten years.

네가 꼭 알아야겠다면, 나는 지난 10년간 계속 머리를 염색해왔지.

문장의 의미를 전달하는 데 필요하지 않은 단어나 구절이 문장 끝부분에 있는 경우에도 그 앞에 쉼표를 씁니다.

Don't you think that new CD really rocks, Jean-Marie?
장마리, 저 새로운 앨범이 멋지다고 생각하지 않니?

You'll be coming with us to the company picnic on Sunday, I hope.
너도 우리와 같이 회사 야유회에 가기를 바랄게.

문장에 끼어든 단어들이 의미를 전달하는 데 필수적이지 않다면 그 앞뒤에 쉼표를 씁니다. 이를 삽입구parenthetical expressions라고 합니다.

The answer to the next question, Paula, can be found on page thirty-six.
파울라, 다음 질문에 대한 답은 36쪽에 있어.

This textbook, unlike the one I had before, is written in a style I can understand.
이 교과서는 내가 전에 갖고 있던 것과는 다르게 내가 알아들을 수 있는 형식으로 쓰였다.

도입부의 준동사(분사, 동명사, 부정사) 또는 동사구 뒤에는 쉼표를 쓰기 바랍니다.

Weeping at the sight of the destruction, the news reporter broke down on camera.
파괴된 현장을 보며 눈물을 흘리던 취재기자가 카메라 앞에서 감정을 주체하지 못하고 허물어지며 울었다.

To try to regain his composure, he took several deep breaths.

마음의 평정을 되찾기 위해서, 그는 깊은 숨을 여러 번 들이쉬었다.

도입부의 부사절 뒤에는 쉼표를 쓰세요. (부사절은 주어와 동사가 있는 문장으로 동사나 형용사, 다른 부사를 묘사합니다.) 예를 들어 보겠습니다.

Because I didn't stop at the red light, I got a ticket.

빨간불에 정차하지 않았기 때문에 나는 교통 위반 통지서를 받았다.

If Glenn comes in town tonight, the whole family is going to get together for a picnic.

오늘 밤에 글렌이 동네에 온다면, 온 가족이 모여서 소풍을 할 것이다.

주소에서의 쉼표

우편 발송 주소를 문서로 작성할 때(행갈이 없이 한 줄로 쓸 경우), 사람 이름과 주소가 시작되는 부분 사이에 쉼표를 넣고, 그 다음에는 도로명 주소가 끝나는 부분에 쉼표를 넣고, 그 다음에는 시와 주 사이에 쉼표를 넣습니다. 주와 우편번호 사이에는 일반적으로 쉼표를 넣지 않습니다. 예를 들어보겠습니다.

Please remit the payment to Abby Householder, 4238 Old Highway 41 North, Hebbardville, KY 42309.

지불금을 (42309) 켄터키주 헤버즈빌, 올드 하이웨이 41 노스 4238에 거주하는 애비 하우스홀더에게 송금하기 바랍니다.

만약 주소를 행갈이를 통해 작성할 경우, 시와 주 사이에만 쉼표를 넣으세요.

Abby Householder

4238 Old Highway 41 North

Hebbardville, KY 42309

만약 문서에 시와 주 또는 시와 국가를 언급할 경우, 주나 국가 앞뒤에 쉼표를 넣어야 합니다.

I have to visit Clinton, Iowa, on my next sales trip.

나는 다음 영업 출장지로 아이오와주의 클린턴을 방문해야 한다.

She is going to school in Grenoble, France, next spring.

그녀는 내년 봄에 프랑스 그르노블에 있는 학교를 다닐 것이다.

쉼표의 다른 용도

1. 요일(만약 언급했다면), 날짜(월과 일), 연도 뒤에 각각 쉼표를 넣

습니다.

I'll be seeing you on Friday, February 23, 2001, at half past seven.

2001년 2월 23일 금요일 일곱 시 반에 뵙겠습니다.

만약 일월이나 연월만 쓴다면 쉼표가 필요 없습니다.

I'll see you on February 23.

2월 23일에 뵙겠습니다.

I'll see you in February 2002.

2002년 2월에 뵙겠습니다.

2. 친한 사람에게 쓰는 편지에서 인사말과 맺는말 뒤에 쉼표를 넣습니다.

Dear Aunt Aggie,

친애하는 애기 이모님께,

Sincerely,

올림

3. 만약 어떤 사람의 직함이나 학위가 그의 이름 뒤에 나오면, 직함이나 학위 앞뒤로 쉼표를 넣습니다.

Please call Robert Householder, Ph.D., at your convenience.

편한 시간에 로버트 하우스홀더 박사님께 전화하시기 바랍니다.

The deposition was given by Edward Butterworth, M.D.

에드워드 버터워스 박사님께서 진술하셨습니다.

4. 1000 또는 그 이상의 숫자는 쉽게 읽을 수 있도록 세 자리마다 쉼표를 넣습니다.

Is it my imagination, or are there 1,376,993 rules for commas?

내 상상에 불과한 건가요, 아니면 정말로 쉼표와 관련된 규칙들이 137만 6993가지가 있나요?

콜론

콜론은 구체적인 정보를 소개할 때 씁니다. 콜론을 쓰는 가장 흔한 경우는 독자에게 앞으로 목록을 나열할 것임을 알릴 때입니다.

On the camping trip, please bring the following items: a flashlight, a sleeping bag, two boxes of matches, three changes of clothing, and food for six meals.
캠핑 여행을 위해 다음 물품들을 준비하셔야 합니다. 손전등, 침낭, 성냥 두 갑, 갈아입을 옷 세 벌, 여섯 끼니를 해결할 음식입니다.

또한 콜론은 문장 내에서 콜론 앞에 나온 내용에 대한 추가 설명이나 정보를 제공할 때 씁니다.

There are a number of complaints that I have against the tenant: she tore the plaster in the living room, her dog

stained the carpet in every room, and she has not paid her rent in three months.
제게 세입자에 대한 몇 가지 불만사항이 있습니다. 그녀는 거실 벽지를 찢었고, 그녀의 강아지가 각 방의 카펫에 오줌을 쌌으며 지난 3개월 동안 월세를 내지 않았습니다.

공적인 문서를 쓸 때 콜론은 보통 긴 인용문 앞에 쓰입니다.

In his Gettysburg Address, Abraham Lincoln stated:
Fourscore and seven years ago, our forefathers brought forth upon this continent a new nation, conceived in liberty, and dedicated to the proposition that all men are created equal.
게티즈버그 연설에서 에이브러햄 링컨은 다음과 같이 말했다. "지금으로부터 87년 전, 우리 조상들은 이 대륙에 자유 속에서 잉태된 나라를, 모든 인간은 평등하게 창조되었다는 명제에 바쳐진 새 나라를 탄생시켰습니다."

콜론이 쓰이는 다른 경우들도 있습니다.

To Whom It May Concern:
관계자 (각위)께

a meeting at 4:15 P.M.
4시 15분에 있는 회의

My Favorite Punctuation Marks: Why I Love Colons

『내가 가장 좋아하는 구두점들: 내가 왜 콜론을 사랑하는지에 대해』

Genesis 2:10

창세기 2장 10절

Time 41: 14

『타임』지 41권 14호

U.S. News and World Report 166: 31

『U.S. 뉴스앤드월드리포트』지 166권 31페이지

London: Covent Garden Press

(참고 문헌의 항목에서) 런던, 코번트가든 출판사

세미콜론

세미콜론은 쉼표보다는 길게 멈추고 마침표보다는 짧게 멈춘다는 것을 나타냅니다. 세미콜론을 쓰는 가장 흔한 경우는 두 개의 완전한 생각(독립절)을 한 문장으로 연결할 때입니다. 다음 문장들을 보겠습니다.

The bank teller determined the bill was counterfeit. There was no serial number on it.
은행 직원은 지폐가 위조라는 것을 알아차렸다. 그 지폐에는 일련번호가 없었다.

위 문장은 각각 독립절입니다. 하지만 다음과 같이 세미콜론을 통해서 연결될 수 있습니다.

The bank teller determined the bill was counterfeit; there

was no serial number on it.

많은 경우 세미콜론은 접속 부사, 다른 접속어 또는 접속어구들(on the other hand, therefore 등)과 같이 씁니다. 이 경우에는 두 개의 생각이 분리되는 곳에 세미콜론을 넣어야 합니다. 예를 들어보겠습니다.

[올바른 방식]

Traffic is worse than we expected; therefore, we won't be home before midnight.

교통 체증이 우리가 예상했던 것보다 더 심하다. 그러므로, 우리는 자정 전에 집에 돌아갈 수 없다.

[틀린 방식]

Traffic is worse than we expected, therefore; we won't be home before midnight.

이제는 세미콜론 사용 규칙에 어긋나는 경우들을 살펴봅시다. 쉼표가 올바른 구두점이라고 생각되는 경우에도 세미콜론을 쓸 때가 있습니다. 다음 문장을 보기 바랍니다.

The manhunt took place in Los Angeles, Nashville, Indiana, Stratford, Connecticut, Winnenan, Oklahoma, Dallas, and Olympia.

탈주자 수색 작업이 로스앤젤레스, 내슈빌, 인디애나, 스트랫퍼드, 코네티

컷, 위네넌, 오클라호마, 댈러스, 올림피아에서 이루어졌다.

각 도시 및 주 이름 뒤에 쉼표가 있습니다. 하지만 위와 같이 작문을 하면 아마도 독자는 문장의 진정한 의미가 무엇인지 헷갈릴 것입니다. 세미콜론이 쉼표보다 한 단계 위라고 생각하면 됩니다. 보통 쉼표를 쓸 장소에 세미콜론을 대체하면 어떤 도시들이 어떤 주와 연결되는지 분명하게 나타낼 수 있습니다. 위 문장에 구두점을 어떻게 적용해야 하는지 보겠습니다.

The manhunt took place in Los Angeles; Nashville, Indiana; Stratford, Connecticut; Winnenan, Oklahoma; Dallas; and Olympia.

위와 같이 쓴 문장을 읽으면 독자는 탈주자 수색 작업이 테네시주 내슈빌이 아닌 인디애나주 내슈빌에서 이루어졌다는 것을 알 수 있을 것입니다. 또한 독자는 위네넌이 오클라호마주 안에 위치한다는 것을 알 수 있을 것입니다.

—세미콜론을 쓸 수 없는 경우

두 가지 내용을 동일 선상에 놓고 볼 수 없을 때, 또는 두 내용이 논리적으로 연결되지 않을 때에는 세미콜론을 쓸 수 없습니다. 다음 두 문장을 보겠습니다.

The teller wore a blue suit. The police were called

immediately.

은행 직원은 파란색 정장을 입고 있었다. 경찰을 바로 불렀다.

비록 둘 다 문장들이지만 두 문장 간에 연결 고리가 없습니다. 만약 위 문장들 사이에 세미콜론이 쓰였다면 독자들은 뭔가가 빠졌다고 생각하면서 고개를 갸우뚱할 것입니다.

또한 세미콜론은 두 문장 중 하나가 완전한 문장이 아닐 경우에는 쓸 수 없습니다. 다음 예문을 보기 바랍니다.

The police were called immediately; screeching through the streets.

경찰을 바로 불렀다. 도로에서 끼익 하는 소리를 내며.

문장의 첫 번째 부분은 완전한 내용을 전달하지만(경찰을 바로 불렀다), 두 번째 부분은 완전한 내용을 포함하지 않습니다.(도로에서 끼익 하는 소리를 내며.)

하이픈

하이픈은 짧은 가로 막대기입니다.(컴퓨터 키보드에서 숫자 0 옆에 있습니다.) 다른 문장 부호인 대시는 하이픈보다 더 깁니다. 하지만 이 두 문장 부호의 차이점은 단순히 몇 밀리미터 차이보다 큽니다.

하이픈의 가장 흔한 용도는 줄 끝에서 단어를 분리할 때입니다. 여기서 기억해야 할 중요한 규칙은 단어 음절 사이를 분리할 때에만 써야 한다는 것입니다. 만약 음절이 어디에서 나뉘는지 그 위치를 모를 경우 사전을 찾아보기 바랍니다. 또한 대부분의 워드프로세서에는 자동 하이픈 연결 도구가 있습니다. 단음절 단어는 분리하지 않아야 합니다. 단어를 어디에서 분리하건 줄 끝에 한 글자 이상 그리고 줄 시작에 두 글자 이상 남겨야 한다는 것을 기억하기 바랍니다.

두문자어(UNESCO 또는 NAACP와 같은), 숫자(1200 또는 692와 같은), 그리고 축약(haven't, didn't, couldn't와 같은)에는 하이픈을 쓰지 않아야 합니다. 어떤 문법 책은 고유명사(대문자로 시작하는 단어)에도 하이픈을 쓰지 말아야 한다고 설명합니다.

또한 인터넷 또는 이메일 주소를 하이픈으로 분리하는 것은 피해야 합니다. 주소 일부에 이미 하이픈이 사용되기 때문에 추가적인 하이픈은 독자들을 헷갈리게 할 수 있습니다. 만약 화살괄호(이 장의 뒷부분에 이에 대한 설명이 나옵니다)를 활용하지 않는 경우라면 추가 구두점 없이 주소를 두 번째 줄로 넘겨 쓰면 독자가 쉽게 읽을 수 있을 것입니다. 다음과 같이 쓰면 됩니다.

When I tried to order, I was directed to this site:
www.anglosaxon.com/rebates/year/1066/.
내가 주문을 하려고 하자, 다음 사이트로 넘어갔습니다.
www.anglosaxon.com/rebates/year/1066/.

숫자와 하이픈

날짜나 쪽수 사이에는 대시가 아닌 하이픈을 쓰기 바랍니다.

Prohibition(1919-1933) came about as a result of the Eighteenth Amendment.
금주법 시행 시대(1919~1933년)는 헌법 수정 제18조의 결과로서 일어났다.
See the section on the Roaring Twenties(pp. 31-35) for more information.
추가적인 정보를 위해서는 광란의 20년대 부분(31~35쪽)을 보십시오.

엄밀히 따지면 위 두 예문들은 '엔 대시en dash'라고 불리는 문장 부호를 사용했는데, 이는 하이픈보다는 길고 일반적인 대시보다는 짧습니다. 보통 '엠 대시em dash'라고 부릅니다. 대부분의 워드프로세서에서는 '삽입' 아이콘 등을 통해 엔 대시, 엠 대시를 비롯한 다른 기호들을 찾고, 사용할 수 있습니다.

하이픈의 또 다른 흔한 용도는 숫자들을 아라비아 숫자가 아닌 문자로 쓸 때입니다. 이십일twenty-one에서 구십구ninety-nine까지의 숫자를 문자로 쓸 때 하이픈을 사용합니다.

복합 형용사와 하이픈

복합 형용사(두 개 또는 그 이상의 형용사가 묶여 하나의 생각 또는 이미지를 형성할 때)가 수식하는 명사 앞에 나오면 하이픈을 사용합니다. 다음 문장을 보세요.

Charles Dickens was a nineteenth-century writer.

찰스 디킨스는 19세기 작가였다.

이 경우에는 nineteenth-century가 (writer라는 명사를 수식하는) 형용사로 쓰였기 때문에 하이픈을 사용해야 합니다. 다음 문장을 보겠습니다. 차이점이 보이시나요?

Charles Dickens was a writer who lived in the nineteenth

century.

찰스 디킨스는 19세기에 살았던 작가였다.

여기서 nineteenth century는 명사이기 때문에 하이픈을 사용하지 않습니다.

Some well-known scientists are studying the effects of global warming.

일부 유명한 과학자들은 지구 온난화의 영향에 대한 연구를 진행 중이다.

위 예문에서 well-known은 형용사로 scientists라는 명사 앞에 쓰였기 때문에 하이픈을 사용해야 합니다.

Some scientists studying the effects of global warming are well known.

지구 온난화의 영향에 대한 연구를 진행 중인 일부 과학자들은 잘 알려진 이들이다.

여기서는 well known이 명사 다음에 나오기 때문에 하이픈을 사용하지 않습니다.

복합 수식어에 (비록 명사 앞에 오더라도) 하이픈을 사용하지 않는 경우는 첫 수식어가 very 또는 -ly로 끝나는 부사일 때입니다. 이런 경우 다음과 같이 써야 합니다.

a very condescending attitude

매우 잘난 체하는 태도

a strictly guarded secret

극비 사항

a very little amount of money

아주 적은 돈

the highly publicized meeting

대대적으로 알려진 회의

형용사들이 합쳐져서 동일한 이미지를 형성할 때에만 하이픈을 사용해야 합니다. 만약 명사를 묘사하는 별개의 단어들이라면('big, bulky package크고 부피가 큰 포장상자'와 같이) 하이픈을 사용하지 않습니다. 다음 예문을 보세요.

The candidate succeeded because of his many influential, fat-cat supporters.

그 후보자는 영향력 있고 정치 자금을 많이 내는 부유한 후원자들 덕에 성공했다.

Fat과 cat이 합쳐져 후원자들을 묘사하는 이미지를 형성하기 때문에 하이픈을 사용해야 합니다. 만약에 하이픈이 없었다면 독자는 fat cat supporters를 보고 후보자가 실제로 뚱뚱한 후원자fat supporters와 고양이 후원자cat supporters에게 의지한 것인지 궁금해할 수 있습니다.

명확한 의미 전달을 위한 하이픈

때로는 문장이 무슨 의미인지 분명히 하기 위해 하이픈이 필요합니다. 예를 들어보겠습니다.

Your favorite sports star resigned!
네가 가장 좋아하는 스포츠 스타가 은퇴했어!

위 문장을 들으면 기뻐해야 할까요, 속상해야 할까요? 현재 쓰인 대로 문장을 해석하면, 그 스포츠 스타가 더 이상 선수 활동을 하지 않는다는 의미입니다. 하지만 만약 화자가 스포츠 스타가 재계약을 했다는 의미를 전달하고자 했다면 위 문장에 하이픈을 넣어서 다음과 같이 써야 합니다.

Your favorite sports star re-signed!
네가 가장 좋아하는 스포츠 스타가 재계약을 했어!

이와 같이 특수한 경우로는 recreation, recollect 같은 단어들이 있습니다.

대시

대시는 격식 없는 글을 쓸 때 일정 부분 도움을 주며, 대시를 통해 작가의 갑작스러운 생각 또는 어조의 변화를 나타낼 수 있습니다. 예문을 함께 보겠습니다.

> The odometer has just reached thirty thousand miles, and I suppose it's time to call the garage to schedule a—oops! I just passed the street where we were supposed to turn.
>
> 주행 기록계가 방금 3만 마일을 넘었다. 정비소에 전화를 해서 약속을 잡아야 할 시기가—아이고! 차를 돌려야 했는데 길을 지나치고 말았다.

대시는 다른 생각이 화자가 원래 하고 있던 생각을 순간적으로 방해했음을 독자에게 알려줍니다. 또한 대시는 앞에 언급한 내용 중 특정 부분을 강조할 때에도 쓰일 수 있습니다.

Elizabeth spent many hours carefully planning what she would pack in the van—the van that would be her home for the next three months.
엘리자베스는 앞으로 세 달 동안 그녀의 집이 될 그 밴에 어떤 물건을 실을지 몇 시간에 걸쳐 신중하게 계획했다.

더불어 대시는 문장 내에서 무언가에 대한 정의를 내리거나 추가 정보를 제공할 때 쓰일 수 있습니다. 다음 문장을 읽어보세요.

Margaret knew that when she finally arrived at her sorority house, she would be warmly greeted by her sisters—Lillian, Bea, Kwila, and Arlene.
마거릿은 여대생 클럽 회관에 도착하면 자매들(릴리언, 베아, 퀼라 그리고 알린)이 그녀를 따뜻하게 맞아줄 것임을 알았다.

위 예문에서 대시 대신에 괄호 또는 콜론을 아래와 같이 사용해도 됩니다.

Margaret knew that when she finally arrived at her sorority house, she would be warmly greeted by her sisters(Lillian, Bea, Kwila, and Arlene).
Margaret knew that when she finally arrived at her sorority house, she would be warmly greeted by her sisters: Lillian, Bea, Kwila, and Arlene.

콜론을 사용하는 문장은 대시나 괄호에 비해 다소 격식적입니다. 일반적으로 격식적인 글을 쓸 경우에는 콜론을 사용하도록 하세요.

괄호

괄호는 독자에게 추가 정보를 제공하고 있음을 알려주는 기호입니다. 괄호 안에 들어가는 정보는 문장의 의미를 전달하는 데 반드시 필요한 정보는 아니지만 독자가 내용을 좀더 쉽게 이해할 수 있도록 해줍니다. 예를 들어보겠습니다.

> For a complete study of Hitchcock's movies, consult Chapter 8(pages 85-96).
> 히치콕 감독의 영화에 대한 포괄적인 조사를 위해서는 제8장을 참고하기 바랍니다(85~96쪽).

문장을 이해하기 위한 필수적인 정보일 경우 괄호를 사용하지 않는다는 것을 유념하세요. 예를 들면, 만약 여러분이 다른 해에 일어난 두 건의 홍수에 대한 통계 자료를 비교하고자 한다면 다음과 같은 문장을 쓸 수 있습니다.

The high-water mark of the 1999 flood came in early April, as compared to the high-water mark of the 1956 flood, which occurred in late May.
1999년 홍수의 최고 수위는 4월 초였던 반면, 1956년 홍수의 최고 수위는 5월 말이었다.

위 문장에서 of the 1999 flood 또는 the 1956 flood는 문장에서 필요한 정보이기 때문에 괄호 안에 넣어서는 안 됩니다. 하지만 아래와 같이 쓴 문장이 있다면 괄호 안에 있는 내용을 삭제해도 문장의 본래 의미는 변하지 않기 때문에 괄호를 사용해도 괜찮습니다.

My latest (and, I hope, my last) adventure with blind dates was a month ago; I haven't recovered yet.
내가 가장 최근에 (그리고 마지막이기를 바라며) 모험적으로 소개팅을 해본 것은 한 달 전쯤이었다. 나는 아직까지 회복하지 못했다.

괄호를 쓰는 또 하나의 흔한 경우는 날짜에 관한 정보를 제공할 때입니다. (특히 생년월일 및 사망 연월일과 같은 경우.)

Dame Agatha Christie(1890-1976) wrote twelve novels that featured Miss Marple.
애거사 크리스티(1890~1976)는 미스 마플이 주인공인 12편의 소설을 썼다.

또한 연속된 항목들을 지칭하기 위해 숫자나 글자를 묶을 때에도 사용합니다. 때로는 좌우 모두 사용하고 때로는 우측 괄호만 사용합니다.

Before checking the patient, you should (a) wash your hands; (b) make sure the patient's chart is nearby; (c) call for the attending nurse to supervise.
환자의 상태를 점검하기 전에 여러분은 (a) 손을 씻어야 하고 (b) 환자의 차트가 가까이에 있는지 확인해야 하며 (c) 담당 간호사를 불러 감독해줄 것을 요청해야 합니다.

또는

Before checking the patient, you should a) wash your hands; b) make sure the patient's chart is nearby; c) call for the attending nurse to supervise.

괄호를 두 개 다 사용하든 하나만 사용하든 연속된 항목들을 지칭할 때 괄호를 일관되게 사용해야 합니다. 이때, 괄호 부호를 뒤쪽에만 사용할 경우 괄호 앞에 나오는 단어와 괄호로 묶인 글자를 혼동할 수 있다는 것을 유념해야 합니다.

더불어 괄호는 국회의원의 소속 정당 및 출신 주(연방정부 정치인인 경우), 도시 또는 자치주(주 정치인인 경우)를 나타낼 때 사용합니다.

Senator Abby Brackman(D-R.I.) met in her Washington office with a number of constituents, including Representative Mark Digery(R-Providence).

상원의원 애비 브래크먼(민주당-로드아일랜드주)은 자신의 워싱턴 사무실에서 마크 디거리(공화당-프로비던스)를 포함한 자기 선거구민들과 만났다.

괄호의 또 다른 (아주 흔한 경우는 아니지만) 용도는 독자에게 특정 단어의 끝부분이 경우에 따라 다르게 읽힐 수 있다는 것을 나타낼 때입니다.

Please bring your child(ren) to the company picnic.

여러분의 아이(들)를 회사 야유회에 데리고 오세요.

더 격식을 차려야 하는 글에서는 위와 같이 괄호를 쓰지 않는다는 것을 유념하세요. 격식적인 글에서는 child와 children을 모두 포함한 문장을 써야 합니다.

대괄호

대괄호는 사전에서 정의 내리고자 하는 단어의 어원을 나타낼 때 사용합니다. 또한 인용한 자료를 독자가 쉽고 분명하게 이해하도록 할 때에도 사용합니다. 다음 예문과 같이 선행사가 없는 대명사를 포함한 문장을 인용하는 경우를 생각해보겠습니다.

> "He burst onto the party scene and began to take society by storm."
> "그는 파티계에 혜성처럼 나타나 사람들의 마음을 단번에 사로잡았다."

위 문장에서 언급한 he가 도대체 누구일까요? 이전 문장들에서 그가 누구인지 정체를 밝히지 않았다면 독자들은 그가 누구인지 모를 수밖에 없습니다. 이러한 경우에는 다음과 같이 대괄호를 사용하기 바랍니다.

"He [Justin Lake] burst onto the party scene and began to take society by storm."
"그(저스틴 레이크)는 파티계에 혜성처럼 나타나 사람들의 마음을 단번에 사로잡았다."

이와 유사한 맥락으로, 인용 시 여러분의 글에 맞게 대문자로 고쳐 쓸 때에도 대괄호를 씁니다.

"[T]he river's bank has eroded sufficiently to warrant major repair."
"하천 제방이 크게 보수해야 할 만큼 완전히 침식되었다."

인용하는 원문의 의미가 변하지 않는 선에서만 대괄호를 사용해야 합니다.

더불어 일반적으로 괄호와 함께 쓰는 정보가 있는데 그 정보가 이미 괄호 안에 있다면 대괄호를 사용해야 합니다. 예를 들면,

The man who was responsible for the arrest (James Bradson[1885-1940]) was never given credit.
검거를 한 장본인[제임스 브래드슨(1885~1940)]은 마땅히 받아야 할 인정을 받지 못했다.

일반적으로 사람의 생년월일 및 사망 연월일은 괄호 안에 넣습니다. 하지만 대부분 이와 같은 날짜들은 이미 괄호 안에 있는 경

우가 많기 때문에 대괄호를 대신 사용해야 합니다.

어떤 형태의 작문을 하느냐에 따라 라틴어 단어인 *sic*를 인용하는 정보에 삽입해야 할 수도 있습니다. *Sic*는 '따라서' '그렇게' '이런 식으로'라는 뜻으로, 인용하는 부분에 철자 오류를 비롯하여 어떠한 오류가 있다는 것을 나타내기 위해 사용합니다.

"This painting was donated to the museum on September 31 [*sic*]."

"이 그림은 박물관에 9월 31일[*sic*]에 기증되었습니다."

우리는 위 문장에 서술된 것과 달리 9월이 30일까지만 있다는 사실을 알고 있습니다. [*Sic*]을 사용함으로써 오류를 포함한 원문 그대로를 인용했음을 독자에게 알릴 수 있습니다.

대부분의 작법 책은 인용한 부분에 이탤릭체를 적용했음을 독자에게 알려주기 위해 대괄호 또는 괄호를 사용해도 된다고 합니다. 이때 유일한 규칙은 하나의 원고에서 통일된 장치를 써야 한다는 것입니다. 둘 중 하나를 선택하면 됩니다.

The time of the accident is as *equally important* as is the date [italics added].

The time of the accident is as *equally important* as is the date (italics added).

사고가 난 시간이 사고가 난 날짜*만큼 중요합니다.* [이탤릭체 추가]

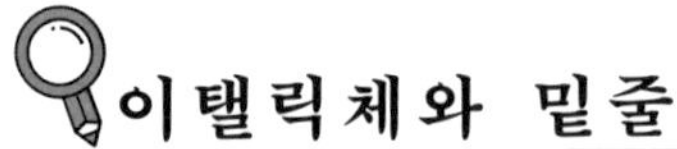

이텔릭체와 밑줄

이탤릭체와 밑줄, 둘의 차이점은 무엇일까요? 아무것도 없습니다. 컴퓨터에서 버튼 하나를 클릭해 단어를 이탤릭체로 만드는 것은 단어에 밑줄을 치는 것만큼 쉽습니다. 하지만 손으로 쓰거나 타자기를 사용할 때처럼 이탤릭체를 쓸 수 없는 경우도 종종 있습니다. 이때 유념해야 할 점은 하나의 문서에서 밑줄이나 이탤릭체를 일관되게 사용해야 한다는 점입니다.

이탤릭체 및 밑줄의 가장 흔한 용도는 긴 작품(주로 단행본)의 제목을 쓸 때입니다. 그보다 짧은 작품들(단편 소설, 시편, 에세이)의 제목을 쓸 때는 이탤릭체나 밑줄 대신 인용 부호를 사용합니다. 예문을 보겠습니다.

The Complete Sherlock Holmes or The Complete Sherlock Holmes

『셜록 홈스 전집』(책의 제목)

"The Adventure of the Speckled Band"

「얼룩 끈의 모험」(단편 소설의 제목)

성서와 같은 경전은 어떤 구두점도 필요 없음을 기억하세요.

I read the Bible for a half an hour today.

나는 오늘 30분 동안 성경을 읽었다.

A copy of the Koran was on his bedside table.

코란 한 권이 그의 침대 옆 탁자 위에 있었다.

다음은 이탤릭체 또는 밑줄을 적용해야 하는 것들의 구체적인 목록입니다.

- 책 한 권 분량의 시(대부분의 시는 책 한 권 분량이 안 됩니다): *Leaves of Grass*(풀잎)
- 연극: *A Raisin in the Sun*(태양 속의 건포도)
- 오페라: *Carmen*(카르멘)
- 영화: *Casablanca*(카사블랑카)
- 팸플릿(작은 책자): *What You Should Do Before You See the Doctor*(의사 선생님을 만나기 전에 해야 하는 것들)
- 텔레비전 프로그램(연속 프로그램의 1회 방송분의 제목에는 인용 부호를 사용합니다): *The X-Files*(엑스파일)
- 예술 작품: *Mona Lisa*(모나리자)
- 긴 음악 작품(CD에는 이탤릭체를 사용하고, CD 안의 한 곡에는 인

용 부호를 사용합니다): *Greatest Love Songs of the Nineties*(90년대 인기 연가)

- 잡지와 신문(잡지나 신문에 기재된 기사에는 인용 부호를 사용합니다): *Time*(타임지)
- 배, 항공기, 우주선, 기차: *Titanic*(타이타닉 호), U.S.S. *Cole*(콜호, U.S.S.는 이탤릭체를 사용하지 않습니다), *Spirit of St. Louis*(스피릿 오브세인트루이스호), *Endeavor*(인데버 우주왕복선)

관사(a, an, the)는 실제 제목의 일부일 경우에만 이탤릭체나 밑줄을 사용해야 합니다. 예를 들어보겠습니다.

CHAPTER 6

I read Sharyn McCrumb's book *The Rosewood Casket.*

나는 샤린 매크럼의 소설 『로즈우드로 만들어진 관』을 읽었다.

The는 책 제목의 일부입니다. 한편 아래 문장과 같은 경우에는 다음과 같이 써야 합니다.

I spent time aboard the *Mir* spacecraft.

나는 미르 우주왕복선 안에서 생활을 했다.

Mir는 우주왕복선의 이름이고 the가 이름의 일부가 아니기 때문에 the에는 이탤릭체 혹은 밑줄을 사용하지 않습니다.

구두점(콤마, 마침표, 물음표, 느낌표) 또한 제목의 일부일 경우에만 이탤릭체, 밑줄을 적용한다는 것도 기억하기 바랍니다.

May screamed, "There's never been a better mystery than *The Murder of Roger Ackroyd*!"
메이는 소리쳤다. "『애크로이드 살인사건』보다 나은 추리 소설은 없다!"

느낌표와 닫는 큰따옴표는 책 제목의 일부가 아니기 때문에 이탤릭체를 사용하지 않습니다.

강조하기

다음 문장들을 읽고 각 문장 사이의 차이점이 무엇인지 알아볼 수 있나요?

"I'm *certain* I'm going to have to arrest you," he said slyly.
"I'm certain *I'm* going to have to arrest you," he said slyly.
"I'm certain I'm going to *have* to arrest you," he said slyly.
"I'm certain I'm going to have to arrest *you*," he said slyly.
"I'm certain I'm going to have to arrest you," he said *slyly*.
"나는 확신한다, 내가 너를 체포해야 한다는 것을"이라고 그는 음흉하게 말했다.

다섯 문장 사이의 유일한 차이점은 각 문장에서 각각 다른 단어에 이탤릭체가 적용되어 있다는 것입니다. 이탤릭체를 사용하면 독자에게 어디가 강조되었는지 알려줍니다. 이는 작가가 독자에게 어떤 말투를 쓰고 있는지 알려줄 뿐만 아니라 독자가 그 말투를 이해하는 데에도 도움을 줍니다.

하지만 강조를 위해 이탤릭체 또는 밑줄을 너무 과하게 사용하지 않도록 주의하기 바랍니다. 이탤릭체나 밑줄을 너무 많이 사용하면 강조할 부분이 정확히 전달되지 않기 때문입니다. 다음 문장이 그렇습니다.

"Chief, the *culprit* is *Mark*, not *me*. I wasn't *there* when the *wreck* happened," Bill cried *sullenly* to the policeman.
"경감님. **범인**은 **제**가 아닌 **마크**입니다. **사고**가 발생했을 때 저는 **거기**에 없었습니다"라고 빌은 **침울하게** 말했다.

너무 많은 단어에 이탤릭체를 적용했기 때문에 강조의 효과가 떨어졌습니다.

다른 맥락을 나타내기

다음 문장이 이해가 되는지 읽어보세요.

The angry newspaper editor said to the young reporter, "You imbecile! You used robbery when you should have used burglary."
화가 난 신문사 편집장이 젊은 기자에게 말했다. "이 멍청한 놈아! 너가 절도를 했어야 하는데 강도짓을 했잖아!"

이게 무슨 소리인가요? 편집장이 기자에게 그가 잘못된 범죄를 저질렀다고 말하는 것일까요? 그건 아니겠죠? 만약 작가가 올바른 구두점들을 사용했다면 문장의 내용이 정확하게 전달되었을 것입니다. 단어, 숫자 또는 글자가 일반적인 맥락에서 벗어나 사용될 때에는 이들을 이탤릭체 또는 밑줄 처리를 해야 합니다.

The angry newspaper editor said to the young reporter, "You imbecile! You used *robbery* when you should have used *burglary*."
화가 난 신문사 편집장이 젊은 기자에게 말했다. "이 멍청한 놈아! 너가 '절도'란 단어를 썼어야 하는데 '강도'란 단어를 썼잖아!"

위와 같이 문장을 쓰면 기자가 robbery와 burglary란 단어를 잘못 썼다는 것을 독자가 이해할 수 있을 것입니다.

위 규칙은 또한 (의성어와 같이) 소리를 글로 표현할 때에도 적용됩니다. 예를 들어보겠습니다.

Brrr! I didn't know it was this cold outside.
부르르! 밖이 이렇게 추운 줄을 몰랐다.

When Jerri dropped her new calculator on the floor, she cringed as it went *kerplunk* when it landed.
제리가 그녀의 새 계산기를 바닥에 떨어뜨려 '쿵' 하는 소리가 나자 그녀는 움츠렸다.

외래어

이탤릭체나 밑줄의 마지막 용도는 앞의 내용과 비슷합니다. 외래어 또는 외국어의 어구에 사용하는 것입니다.

I was wavering about whether to go to the festival with my friends, but I decided *carpe diem*.

친구들과 페스티벌에 갈지 말지 갈팡질팡하고 있었는데 '카르페디엠(현재를 즐겨라)'을 실천하기로 결정했다.

만약 외래어 또는 외국어의 어구가 영어에서 너무 보편적으로 쓰여서 그 뜻에 대해 의문의 여지가 없다면 (per diem 또는 summa cum laude와 같이) 이탤릭체 혹은 밑줄을 사용할 필요가 없습니다.

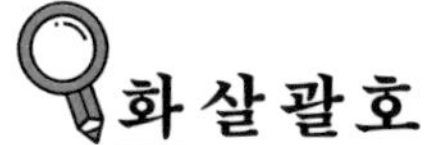

화살괄호

수년 전에는 화살괄호를 수학에서나 봤을 것입니다. A는 B보다 크다(A〉B), 혹은 A는 B보다 작다(A〈B)라는 사실을 나타내기 위해 쓰입니다. 하지만 최근에는 URL(인터넷 주소) 앞뒤로도 자주 사용됩니다. 인터넷 주소가 작동을 하려면 화살괄호 안에 있는 모든 내용을 정확하게 복사해야 합니다.

대부분의 URL은 하이픈, 마침표와 같은 여러 종류의 구두점들을 포함합니다. 그렇기 때문에 특정한 구두점이 URL의 일부인지 아닌지 판단하는 것은 쉽지 않습니다. 다음 문장을 보세요

> Be sure to check out the information about this book and lots of our other fine publications at <www.-i-love-angle-brackets.net/~angle.brackets>.
>
> 이 책에 관한 정보 및 저희가 발간하는 다양한 양질의 출판물들은 <www.-i-love-angle-brackets.net/~angle.brackets>에서 보실 수 있습니다.

이와 같이 URL을 화살괄호 안에 넣으면 독자는 마침표가 문장의 끝을 나타내며 URL에 포함되지 않는다는 사실을 알 수 있습니다.

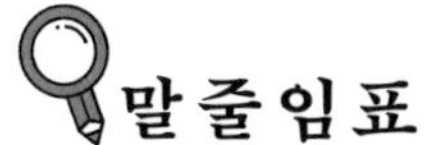

말줄임표

말줄임표(점 세 개를 연속해서 찍은 부호)를 쓰면 독자들은 인용된 문구 중 일부가 생략되었음을 알 수 있습니다. 우선 다음 문장을 읽어보세요.

"Mary Jean left the game early because she felt that the team had no way of winning and she had a terrible headache," said Kathy Ann.
"팀원들이 이길 가능성도 전혀 없고 머리가 깨질 듯 아프다며 메리 진은 게임을 시작한 지 얼마 안 되어 떠났다"고 캐시 앤이 말했다.

만약 여러분이 위 문장을 인용해야 하는데 팀원들이 이길 가능성이 전혀 없다는 내용이 여러분이 하고자 하는 얘기와 무관할 경우 말줄임표를 다음과 같이 활용할 수 있습니다.

"Mary Jean left the game early because ... she had a terrible headache," said Kathy Ann.
"메리 진은 (…) 머리가 깨질 듯 아프다며 게임을 시작한 지 얼마 안 되어서 떠났다"고 캐시 앤이 말했다.

여러분이 인용 시 말줄임표를 활용할 때에는 생략하는 부분이 문장의 의미를 바꾸지 않을 때에만 사용해야 한다는 것을 기억하세요. 만약 생략하는 부분이 문장의 끝에 있거나 인용하는 문장의 마지막 부분을 생략하고자 할 때 남은 부분이 문법적으로 완전하다면 점 네 개를 연속한 생략 부호를 쓰는데 이때, 첫 번째 점이 마침표의 역할을 하게 됩니다. 다음을 읽어보세요.

"A number of new people have joined the secret club. In fact, its membership has never been higher. Because the club is devoted to reading classical literature, however, its secret enrollment numbers have not been questioned by the public at large."
"신규 회원 몇 명이 비밀 클럽에 가입했다. 실제로 클럽 회원 수가 이보다 많았던 적은 없었다. 이 클럽에서는 고전 문학 읽기에 전념하기 때문에 일반인들은 클럽에 남몰래 등록하는 회원 수에 의문을 제기하지 않았었다."

여러분은 말줄임표를 다음과 같은 방법으로 활용할 수 있습니다.

"A number of new people have joined the secret club....

Because the club is devoted to reading classical literature, however, its secret enrollment numbers have not been questioned by the public at large."
"신규 회원 몇 명이 비밀 클럽에 가입했다. (…) 이 클럽에서는 고전 문학 읽기에 전념하기 때문에 일반인들은 클럽에 남몰래 등록하는 회원 수에 의문을 제기하지 않았었다."

또는

"A number of new people have joined.... [M]embership has never been higher. Because the club is devoted to reading classical literature, however, its secret enrollment numbers have not been questioned by the public at large."
"신규 회원 몇 명이 가입했다. (…) 회원 수가 이보다 많았던 적은 없었다. 이 클럽에서는 고전 문학 읽기에 전념하기 때문에 일반인들은 클럽에 남몰래 등록하는 회원 수에 의문을 제기하지 않았었다".

말줄임표의 또 다른 용도는 인용하는 사람이 말한 내용 가운데 의도적인 멈춤이 있었음을 나타낼 때입니다. 아랫글을 보기 바랍니다.

Jimmy thought to himself, "If I can just hold on to the ball long enough to get it over to Mike, I know he can get the shot off.... I have to pace myself and keep watching the clock.... Twenty-five seconds.... Fifteen seconds.... Eight seconds.... Time for a pass."

지미는 속으로 생각했다. '내가 공을 마이크에게 패스할 때까지만 가지고 있을 수 있다면 분명히 마이크가 슛을 할 수 있을 텐데…. 내가 페이스를 지키고 시계를 잘 보면… 25초…. 15초 …. 8초 …. 이제 패스해야 할 타이밍이다.'

사선

사선slash(virgule, solidus라고도 함)은 흔히 or의 의미로 사용합니다.

a slash/virgule/solidus=slash or virgule or solidus

slash 또는 virgule 또는 solidus

You may bring your spouse/significant other to the picnic.

= You may bring your spouse or significant other to the picnic.

야유회에 당신의 배우자/애인을 데리고 와도 됩니다.

=야유회에 당신의 배우자 또는 애인을 데리고 와도 됩니다.

사선의 다른 용도는 다음과 같습니다.

1. 수학에서 사선은 당per이란 의미로 사용합니다.

There are 5,280 feet/mile.

1 마일 당 5280피트가 있다.

2. 분수를 나타내기 위해 사용합니다.

9/16

16분의 9.(9를 16으로 나눈다는 의미입니다.)

3. 문학에서는 블록 양식으로 쓰인 시에서 행을 분리할 때 사선을 사용합니다. 다음은 에드거 앨런 포의 「까마귀The Raven」에서 발췌한 것입니다.

Once upon a midnight dreary, while I pondered, weak and weary,/ Over many a quaint and curious volume of forgotten lore—/ While I nodded, nearly napping, suddenly there came a tapping,/ As of some one gently rapping, rapping at my chamber door—/ "'Tis some visitor," I muttered, "tapping at my chamber door—/ Only this and nothing more ...."

어느 황량한 밤에 나는 약해지고 지친 채/ 잊힌 너무나도 기이하고 묘한 이야기책에 대해 곰곰이 생각하다가/ 선잠이 들어 고개를 꾸벅거리다가 갑자기 누군가 내 방문을 부드럽게 톡톡 두드리는 듯한 소리가 들려왔다/ "누군가가" 난 중얼거렸다. "내 방문을 두들기고 있을 뿐—/ 아무것도 아닐 거야…."

4. 인터넷이 범용화되면서, 사선은 URL 표기에 흔히 사용되고 있습니다.

His home page is at <www.myownwebsite.com/MarkPhillips/home>.

그의 홈페이지 주소는 <www.myownwebsite.com/MarkPhillips/home> 입니다.

CHAPTER 7

더 나은
문장 쓰기

잘못된 수식어구가 있거나 근본적으로 비논리적인 문장은 독자를 혼란스럽게 할 뿐만 아니라, 최악의 경우에는 터무니없는 글처럼 보이도록 만들 수 있습니다. 조각문이라 불리는 짧은 문장은 결코 제대로 된 문장이 아닙니다. 또 다른 극단적인 경우, 작가가 여러 생각을 결합해서 겉보기에 끝이 없는 무종지문을 쓰기도 합니다. 이번 장에서는 여러분이 스스로의 문장 구성을 비평적으로 보기 위한 몇 가지 조언을 제공하고, 당면한 문제를 교정할 수 있는 도구를 제공할 것입니다.

위치가 잘못된 수식어구

위치가 잘못된 수식어구misplaced modifiers는 말 그대로 단어나 구절이 잘못된 위치에 놓인 것입니다. 모든 수식어구는 그것이 묘사하거나 설명하는 대상과 가능한 한 가까운 곳에 위치해야 합니다. 다음 문장을 볼까요.

After her wreck, Joanna could comprehend what the ambulance driver was barely saying.

위 문장을 그대로 해석하면 구급차 운전자가 거의 말을 안했다는 뜻입니다. 하지만 작가가 전달하고자 했던 내용은 이게 아니었을 것입니다. 따라서 barely(거의 안 하는)를 옮겨 동사 could comprehend(이해할 수 있다)를 수식할 수 있게 해야 합니다. 위 문장은 다음과 같이 쓰는 것이 맞습니다.

After her wreck, Joanna could barely comprehend what the ambulance driver was saying.
사고 후에 조애나는 구급차 운전사가 뭐라고 하는지 거의 못 알아들었다.

단어가 아닌 구절의 위치가 잘못된 경우도 있습니다.

Witnesses reported that the woman was driving the getaway car with flowing black hair.
목격자들은 검정 머리카락이 휘날리는 도주 차량을 어떤 여성이 운전했다고 전했다.

검정 머리카락이 휘날리는 자동차라, 이건 아니겠죠? 'With flowing black hair'가 잘못된 위치에 있으므로 다음과 같이 위치를 바로잡아야 합니다.

Witnesses reported that the woman with flowing black hair was driving the getaway car.
목격자들은 검정 머리카락을 휘날리는 어떤 여성이 도주 차량을 운전했다고 전했다.

위치가 잘못된 수식어구로 인해 나타나는 가장 흔한 문제 중 하나는 한정 수식어limiting modifiers라 불리는 것입니다. 한정 수식어로는 almost, even, hardly, just, merely, nearly, only(only가 가장 흔히 잘못 놓이는 단어입니다), scarcely, simply 등이 있습니다. 정확한 뜻을 전달하기 위해서 한정 수식어는 그것이 수식하는 단어 앞에 놓여야 합니다.

Richard has nearly wrecked every car he's had.

리처드가 그가 소유한 모든 자동차를 작살낼 뻔했다는 것인지 (그렇다면 그는 자신의 운이 좋았던 것에 감사해야 할 것입니다) 아니면 리처드가 그가 소유한 모든 차들을 거의 작살냈다는 것인지 의미가 모호합니다. 여러분이 쓰는 문장을 망가뜨리고 싶지 않다면 수식어구가 바른 위치에 있는지 잘 살펴보세요.

현수 수식어

현수 수식어dangling modifiers는 문장 내에서 묘사하거나 의지할 단어 혹은 구절 없이 그냥 매달려 있는 수식어입니다. 다음 문장을 보기 바랍니다.

Long ears drooping on the floor, Julie wondered how the dog could walk.
바닥에 닿을 만큼 긴 귀로, 줄리는 개가 어떻게 걸을 수 있는지 궁금했다.

줄리가 성형수술을 생각해봐야 할 시기인가요?

While performing, the audience gasped as the singer forgot the words to the song.
공연을 하면서, 관객들은 가수가 가사를 까먹자 헉 하는 소리를 냈다.

관객들이 왜 공연을 했을까요? 위 문장은 수식어가 어딘가에 연결될 수 있도록 어구를 수정할 필요가 있습니다.

Julie wondered how the dog could walk with its long ears drooping on the floor.
줄리는 강아지의 귀가 너무 길어 바닥에 끌리는데 어떻게 걸을 수 있는지 궁금해했다.

The audience gasped as the singer forgot the words to the song while he was performing.
관객들은 가수가 공연 중에 가사를 까먹자 놀라서 헉 하는 소리를 냈다.

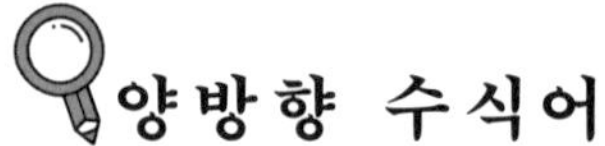

양방향 수식어

양방향 수식어two-way modifiers(혹은 squinting modifiers)는 양옆의 단어를 모두 수식할 수 있는 수식어를 가리킵니다. 하지만 독자는 이 단어가 무엇을 수식하는지 정확히 알 수 없습니다.

The instructor said after the semester ended that Mark was eligible to retake the test.
교수님께서 학기가 끝난 다음에 마크가 재시험을 볼 자격이 있다고 말했다.

여기서 'after the semester ended'가 무엇을 수식하는 것일까요? 교수님이 마크에게 학기가 끝난 다음에 알려주었다는 것일까요, 아니면 학기가 끝난 다음에 마크가 시험을 다시 볼 자격이 생긴다는 것일까요? 이 문장을 바로잡으려면 수식어의 위치를 바꿔야 합니다.

After the semester ended, the instructor said that Mark was eligible to retake the test.

학기가 끝난 다음, 교수님께서 마크가 재시험을 볼 자격이 있다고 말했다.

또는

The instructor said that Mark was eligible to retake the test after the semester ended.

교수님께서 마크가 학기가 끝난 다음에 재시험을 볼 자격이 있다고 말했다.

작문에서의 병렬 구조

병렬 구조로 글을 쓴다는 것은 문장 내에 유사한 부분을 같은 방식으로 쓴다는 뜻입니다. 명사를 두 개 썼다면 갑자기 동명사로 바꾸지 말아야 합니다. 특정한 시제의 동사를 썼다면 갑자기 시제를 바꾸지 않아야 합니다.

다음은 병렬 구조를 활용할 때의 몇 가지 규칙입니다.

1. 항목을 나열할 때에는 모두 같은 방식으로 표현합니다.

먼저 잘못된 문장을 보겠습니다.

This afternoon I washed[과거 동사], waxed[과거 동사], and then I was vacuuming[과거진행형 동사] the car.

다음은 병렬 구조를 바로잡은 문장입니다.

This afternoon I washed, waxed, and vacuumed the car.

오늘 오후 나는 차를 닦고, 왁스로 광을 내고, 진공청소기로 청소했다.

2. 하나 이상의 절을 쓸 때 같은 형태, 같은 도입부로 시작합니다.

I was worried that Bill would drive too fast[능동태], that the road would be too slippery[능동태], and that the car would be stopped by the police[수동태].

올바른 병렬 구조를 가진 문장으로 고치기 위해 마지막 절을 능동태로 바꾸어보겠습니다.

I was worried that Bill would drive too fast, that the road would be too slippery, and that the police would stop the car.

나는 빌이 운전을 너무 빨리 하고, 도로가 너무 미끄럽고, 경찰이 차를 세우라고 할 것 같아 걱정했다.

3. 항목들을 연속해서 나열할 때에는 유사한 위치에 배치합니다.

Mike is not only very kind but also is very good-looking.

문제가 무엇인지 볼까요?

상관 접속사 not only는 동사 다음에 나오고 상관 접속사 but also는 동사 앞에 나옵니다. 다음은 병렬 구조를 바로잡은 문장입니다.

Mike is not only very kind but also very good-looking.

마이크는 사려 깊을 뿐만 아니라 매우 잘생겼다.

4. 항목들을 연속해서 나열할 때에는 시간 순 또는 중요도 순으로 정리합니다.

먼저 잘못된 문장을 보겠습니다.

Misuse of the drug can result in fever, death, or dizziness.

약물의 남용은 열, 죽음 또는 현기증으로 이어질 수 있다.

이제 문제를 찾아보기 바랍니다.

Misuse of the drug can result in fever[나쁜 것], death[세 가지 중에 가장 나쁜 것], or dizziness[나쁜 것].

다음은 병렬 구조를 바로잡은 문장입니다.

Misuse of the drug can result in fever, dizziness, or death.

약물의 남용은 열, 현기증 또는 죽음을 야기한다.

5. 항목들을 연속해서 나열할 때에는 전치사를 일관되고 올바르게 사용합니다.

먼저 잘못된 문장을 보겠습니다.

I hope to see you on November 20, December 13, and on January 7.

나는 당신을 11월 20일, 12월 13일 그리고 1월 7일에 만나기를 희망합니다.

여기서 전치사 on이 첫 번째 그리고 세 번째 항목 앞에 쓰였습니다. 일관성을 위해 January 7 앞에 있는 on을 삭제합니다. 처음의 on이 나열된 항목들에 모두 적용됩니다.

연속해서 나열한 항목들에 서로 다른 전치사를 적용해야 한다면 각각의 항목에 맞는 전치사를 사용하기 바랍니다.

The invading ants are on the living room floor, the dining room table, and the sink.

The sink 앞에 쓰이는 전치사는 보통 on이 아닌 in입니다. 다음은 문제를 바로잡은 문장입니다.

The invading ants are on the living room floor, on the dining room table, and in the sink.

침입한 개미들은 거실 바닥에, 식탁 위에, 그리고 싱크대 안에 있다.

6. 병렬 구조로 쓴 문장이 보통 더 효과적입니다.

I was nervous and frightened, but I hid my emotions. My sister showed the world that she felt confident and carefree.

나는 불안하고 겁이 났지만 나의 감정을 감췄다. 나의 여동생은 본인은 자신감 있고 근심 걱정이 없다는 것을 세상에 보여줬다.

위 문장들 자체로 문법적인 오류는 없습니다. 하지만 병렬 구조를 활용해 다음과 같이 쓴다면 훨씬 정돈된 문장이 될 것입니다.

I was nervous and frightened, but I hid my emotions. My sister was confident and carefree, but she showed the world how she felt.

나는 불안하고 겁이 났지만 나의 감정을 감췄다. 나의 여동생은 자신감 있고 근심 걱정이 없었지만 본인이 무엇을 느꼈는지 세상에 보여줬다.

논리적인 글쓰기

여러분이 아무리 세심하게 문법과 구두점을 지켜가며 공을 들여 작문을 하더라도, 여러분이 쓴 글에 논리적 오류가 있다면 그 노력은 헛수고가 될 것입니다. 지금부터 소개할 작문 시 흔히 범하는 실수들을 잘 기억해두기 바랍니다.

1. **술어가 잘못 사용된 경우**. 이는 같이 쓰인 주어와 술부(동사)의 의미가 통하지 않는(즉, 주어가 동사를 "be" 또는 "do" 할 수 없는) 경우를 가리킵니다. 다음 문장을 보기 바랍니다.

The new breath mint assures customers that it will last all day.

새로 나온 입 냄새 제거제는 하루 종일 지속될 것이라고 소비자에게 확언한다.

누구나 동의하다시피 입 냄새 제거제가 직접 누군가에게 어떤 확언을 할 수는 없습니다. 그러므로 위 문장을 아래와 같이 수정해야 합니다.

The makers of the new breath mint assure customers that the mint will last all day.
입 냄새 제거제 제조업체는 자사 신제품의 민트향이 하루 종일 지속될 것이라 소비자에게 확언한다.

2. **등위 오류**. 이는 두 개의 절이 비논리적으로 연결된 경우를 말합니다.

I made my way to the head of the checkout line, yet I realized I had forgotten my wallet.
계산대 맨 앞으로 갔음에도 지갑을 안 가지고 왔다는 것을 깨달았다.

위 문장에서 yet(그런데도)이란 단어가 잘못 쓰였습니다. 위 문장을 다음과 같이 수정해야 합니다.

I made my way to the head of the checkout line, but then I realized I had forgotten my wallet.
계산대 맨 앞으로 갔지만, 그때서야 지갑을 안 가지고 왔다는 것을 깨달았다.

등위 오류의 또 다른 경우는 중요도가 같지 않은 독립절이 있을 때입니다.

I paid $50,000 for my new car, and it has tinted glass.

나는 새 차를 사는 데 5만 달러를 지불했다. 그리고 그것에는 색유리가 장착되어 있다.

자동차의 가격이 색유리가 장착된 사실보다 더 중요합니다. 이 문제를 바로잡을 수 있는 한 가지 방법은 두 번째 절을 첫 번째 절의 종속절로 만드는 것입니다.

I paid $50,000 for my new car, which has tinted glass.

나는 색유리가 장착된 새 차를 사는 데 5만 달러를 지불했다.

3. **절대 형용사**absolute adjectives. 절대 형용사에 속하는 단어는 비교가 불가능합니다. 예를 들어 round(둥글다)는 둥글거나 둥글지 않거나 둘 중 하나입니다. 절대 형용사에는 다음과 같은 단어들이 있습니다.

blank	eternal	square
unique	complete	favorite
straight	vacant	dead
permanent	true	empty
pure	unanimous	

예문을 보겠습니다.

I hadn't studied for the test; the paper I turned in was

somewhat blank.

나는 시험공부를 하지 않았다. 내가 제출한 시험지는 다소 비어있었다.

다소 비어있는 시험지는 있을 수가 없습니다. 뭔가 쓰여 있거나 쓰여 있지 않거나 둘 중에 하나입니다. 이러한 절대 형용사들은 비교가 불가하기 때문에 단어 앞에 more, most, quite, rather, somewhat, very와 같은 수식어구를 쓰지 않아야 합니다.

4. **잘못된 비교**. 이는 종류가 다른 사람, 장소, 사물을 비교할 때 발생합니다.

The traffic mishaps in April were more numerous than May.

4월에 발생한 경미한 교통사고가 5월보다 더 많았다.

위 문장은 4월에 발생한 경미한 교통사고들을 5월과 비교하고 있는데 이는 말이 되지 않습니다. 문장을 다음과 같이 다시 써야 합니다.

The traffic mishaps in April were more numerous than the mishaps in May.

4월에 발생한 경미한 교통사고들이 5월에 발생한 경미한 교통사고들보다 더 많았다.

또 하나의 문제는 두 가지로 해석될 수 있는 애매모호한 비교입니다. 다음 문장을 보기 바랍니다.

Dawn dislikes traveling alone more than Dave.

던은 혼자 여행하는 것을 데이브보다 더 싫어한다.

이 경우 독자는 more가 어디에 적용되는 것인지 확실히 알기 어렵습니다. 던이 혼자 여행하는 것보다 데이브를 더 싫어한다는 것인지, 아니면 데이브가 혼자 여행하는 것을 싫어하는 것보다 던이 혼자 여행하는 것을 더 싫어한다는 얘기인지 분명하지 않습니다.

5. **성급한 일반화**. 이 문제는 anyone, everyone, always, never, everything, all, only, none과 같이 모두를 아우르는 단어들 혹은 best, greatest, most, least와 같은 최상급 단어들을 사용할 때 나타날 수 있습니다.

The country never recovers from an economic downturn in just one week.

그 국가는 절대 일주일 만에 경기 침체를 극복할 수 없을 것이다.

이와 같은 성급한 일반화를 포함한 문장은 경계를 해야 합니다. 만약 실제로 그 국가가 경기 침체를 일주일 만에 극복을 한다면 작가의 신뢰도가 어떻게 될까요? 아래 문장은 위 예문의 어구를 바꿀 수 있는 한 가지 방법입니다.

The country almost never recovers from an economic

downturn in one week.

그 국가가 일주일 만에 경기 침체를 극복할 가능성은 매우 희박하다.

6. **불합리한 추론**. 이는 논리적인 인과관계가 성립되지 않을 때 발생합니다.

I turned in a paper; therefore, I'll pass the class.

나는 리포트를 제출했다. 그러므로 나는 그 강좌를 통과할 것이다.

선생님들께서 이구동성으로 말씀하시겠지만 리포트를 제출했다고 해서 강좌를 반드시 통과하는 것은 아닙니다. 만약 제출한 리포트가 주어진 주제에 대해 서술하지 않았거나 표절된 것이라면 어떻게 될까요? 다음은 또 다른 불합리한 추론의 예시입니다.

I've bought products made by Commonwealth Foods for years. Their new product, Dog Biscuits for Humans, is bound to be tasty.

나는 수년 간 '커먼웰스푸드' 제품들을 구매했다. 그러므로 그들의 신제품, '사람을 위한 강아지 비스킷Dog Biscuits for Humans'은 맛있을 수밖에 없다.

Jack stole a box of paper clips from the office. He probably cheats on his taxes, too.

잭은 사무실에서 종이 클립 한 박스를 훔쳤다. 그는 아마 탈세도 할 것이다.

7. **비교할 때 필요한 단어들을 빠뜨리는 것**. 이것도 흔히 범하는 논리적 오류입니다. 다음 문장을 읽어보기 바랍니다.

Aunt Lucy likes Cousin Louise more than she likes anyone in the family.
루시 이모는 자기 가족의 일원 중 누군가를 좋아하는 것보다 사촌 루이스를 좋아합니다.

문장이 쓰인 상태로 봤을 때는 루이스는 가족의 일원이 아닙니다. 이 문장은 다음과 같이 다시 쓰여야 합니다.

Aunt Lucy likes Cousin Louise more than she likes anyone else in the family.
루시 이모는 사촌 루이스를 자기 가족의 일원 중에서 그 누구보다 좋아합니다.

어떤 문장은 논리적인 오류를 없애기 위해 than 또는 or가 필요합니다.

Steve said he could play the guitar as well, if not better than, Jack.
스티브는 자신이 잭, 혹은 그 이상으로 기타 연주를 한다고 말했다.

'If not better than' 구절을 빼면 'Steve said he could play the guitar as well Jack'과 같은 비논리적인 문장만 남습니다. 이 문장은 as를 추가로 넣어 구절을 완성시켜야 합니다.

Steve said he could play the guitar as well as, if not better than, Jack.
스티브는 자신이 잭만큼 또는 그 이상으로 기타 연주를 한다고 말했다.

8. 또 하나의 논리적인 오류는 일반적으로 '**선행하는 것이 곧 원인**post hoc, ergo propter hoc'이라 불리는 것입니다. 어떤 일이 다른 일에 뒤따라 일어났으니, 앞서 발생한 일이 이후의 일을 야기했다는 암묵적인 추정을 말합니다.

Terry washed her car in the morning, and it began to rain in the afternoon.
테리가 아침에 그녀의 차를 세차했고, 오후에 비가 오기 시작했다.

두 번째 사건이 첫 번째 사건에 의해 발생한 것은 아닙니다. (돌이켜 보았을 때 당신이 세차를 할 때마다 비가 왔다고 해도 그렇습니다.)

9. 다음은 다른 논리적인 오류들입니다.

• **잘못된 딜레마**false dilemma(잘못된 이분법의 오류라고도 함). 잘못된 딜레마에 의하면 오로지 두 가지의 선택지만 존재합니다. 실제로는 두 가지 이상이 있는데 말입니다.

Mrs. Robertson can get to her appointment in one of two ways: she can either drive her car or she can walk.
로버트슨 부인은 다음 두 가지 방법 중에서 한 가지를 통해 약속 장소로 이동할 수 있습니다. 그녀의 차를 운전해서 가거나 걸어가는 것입니다. (사실

로버트슨 부인이 선택할 수 있는 방법은 더 있습니다. 택시를 부르거나 버스를 타거나 또는 친구한테 데려다 달라고 할 수도 있지요.)

• **레드 헤링**red herring. 이는 (중요한 것으로부터) 관심을 딴 데로 돌리는 것(헷갈리게 만드는 것)을 말합니다.

The driver in front of me ran the red light and was speeding, so it's not right that I get a ticket for going 100 mph in a 50 mph zone.
내 앞에 있는 운전자는 정차 신호도 위반하고 속도위반도 했다. 그러므로 내가 시속 50마일의 속도 제한 구간에서 시속 100마일로 운전했다고 속도위반 딱지를 받는 것은 옳지 않다. (앞에 있는 운전자가 한 일은 화자가 받은 딱지가 타당한지 여부와 무관합니다.)

• **순환 논법**. 이는 중간에 별다른 중요한 내용이 없이 원을 그리면서 빙빙 도는 듯한 논리를 말합니다. 다음 예문을 보기 바랍니다.

The epidemic was dangerous because everyone in town felt unsafe and at risk.
이 전염병은 마을 주민 모두가 불안하고 위험에 처했다고 느끼게 하기 때문에 위험합니다.

조각문

조각문sentence fragments은 어구나 어절과 같이 단어로 구성되어 있지만 문장이 아닌 것을 의미합니다. 그렇다면 문장을 이루는 요소는 무엇인가요? 다시 한 번 요약하자면 문장은 단어들의 집합으로 (1) 주어가 있고 (2) 술부(동사)가 있고 (3) 완전한 생각을 표현해야 합니다. 만약 일련의 낱말들이 위 세 가지 조건들을 충족하지 않으면 조각난 문장이 되는 것입니다. 다음 두 단어를 보기 바랍니다.

Spot ran.
스폿이 뛰었다.

위 문장에는 주어가 있고(Spot) 동사가 있으며(ran) 단어들이 완전한 생각을 표현합니다. 앞서 언급한 모든 조건(주어, 동사, 완전한 생각)을 충족하기 때문에 이는 문장입니다.

이제 다음 일련의 낱말들을 보기 바랍니다.

Although she had a new job in a modern office building.

비록 그녀는 현대적인 사무실 건물 안에 새 직장을 구했지만.

위 예문은 종속절이지만 마치 문장인 것처럼 구두점이 있습니다. 하지만 주어(she)와 동사(had)만 있을 뿐 완전한 생각을 표현하지 않습니다. 만약 누군가가 여러분에게 위와 같은 단어들을 말했다면 말이 끝날 때까지 계속 기다리고 있을 것입니다. (비록 새 직장을 구했지만. 무엇을 얘기하려고 하는 것일까요? 그래서 먼 동쪽으로 떠났다는 것일까요? 첫 출근 날 전화로 병결을 알렸다는 것일까요?)

또 하나 흔하게 조각문이 되는 경우는 다음 예문과 같이 분사구인 경우입니다.

Scared stiff by the intense wind and storm.

강한 폭풍우 때문에 겁에 질려 몸이 굳은.

누가 겁에 질려 몸이 굳은 것인지요? 뭔가 분명히 빠졌습니다.

다음 문단을 읽어보고 조각문을 찾아보기 바랍니다.

The lone woman trudged up the muddy riverbank. Determined that she would make the best of a bad situation. Because of her family's recent run of bad luck. She knew that she had to contribute to the family's finances. That's why she had accepted a teaching position. In this town that was new to her.

조각문을 모두 발견하셨는지요? 한번 같이 보도록 하겠습니다.

Determined that she would make the best of a bad situation.
Because of her family's recent run of bad luck.
In this town that was new to her.

만약 저 단어들을 소리 내어 말했다면 다른 사람들이 이해할 수 있을까요? 아닙니다. 위 단어들은 완전한 생각들을 포함하지 않기 때문입니다. 그렇다면 위와 같은 조각문을 어떻게 바로잡을 수 있을까요? 보통 조각문은 그 바로 앞 또는 뒤에 있는 문장과 연결되어야 합니다. 즉, 조각문이 지시하는 부분과 연결되어야 합니다. (주의 사항: 새로 쓴 문장이 말이 되는지 확인하기 바랍니다.)

조각문을 없애고 위 문단을 바로잡을 수 있는 한 가지 방법은 다음과 같습니다.

Determined that she would make the best of a bad situation, the lone woman trudged up the muddy riverbank. She knew that, because of her family's recent run of bad luck, she had to contribute to the family's finances. That's why she had accepted a teaching position in this town that was new to her.
힘든 상황에서도 나름대로 최선을 다하겠다는 확고한 의지를 가진 그 독신 여성은 진흙투성이인 강기슭을 터덕터덕 걸었다. 그녀는 최근 가족에게 악운이 계속되는 것을 보며 그녀가 가족의 재정 상태에 보탬이 되어야 한다는 것을 알고 있었다. 그녀가 새로운 마을에서 교직을 맡기로 한 것은 그 것 때문이었다.

문단에 다양성을 더하기 위해 조각문을 하나는 첫 문장 앞부분에, 하나는 세 번째 문장의 끝에, 또 하나는 두 번째 문장의 중간에 삽입했습니다(because of her family's recent run of bad luck). 일반적으로 공식적인 글쓰기에는 조각문을 쓰지 않아야 합니다. 하지만 격식 없는 글에서 가끔 쓰는 것은 괜찮습니다. 조각문이 받아들여지는 경우는 다음과 같습니다.

- 단편 소설 또는 소설(단, 과도하지 않게)
- 다른 사람의 말을 인용할 때
- (지금 이 목록처럼)기호 또는 숫자를 붙여 작성하는 목록
- 생각을 빨리 전달하기 위해(단, 독자를 헷갈리게 하지 않는 문장일 경우에만)

무종지문

또 하나의 잘못된 문장 구조로 무종지문run-on sentences이 있습니다. 이는 두 개 이상의 주절(독립절)이 이어진, 독립적인 내용과 내용 사이에 필요한 구두점이 없는 문장입니다.

무종지문의 한 종류로 융합 문장fused sentence이 있는데, 이는 문장을 어디에서 끊어 읽어야 하는지 알려주는 구두점 없이 두 개 이상의 문장이 합쳐진 것을 말합니다. 예문을 보겠습니다.

For our annual picnic, Tom and Jill brought hamburgers we brought potato salad.

위 문장을 읽어보면 두 가지 독립된 내용이 있음을 알 수 있습니다. For our annual picnic, Tom and Jill brought hamburgers(연례 소풍에 톰과 질은 햄버거를 가지고 왔다)와 we brought potato salad(우리는 감자 샐러드를 가지고 왔다).

하나의 완결된 내용이 끝나고 다른 내용이 시작되는 부분을 명확하게 하기 위해서는 다음과 같은 방법이 있습니다.

1. 두 개의 별도 문장을 만듭니다.

For our annual picnic, Tom and Jill brought hamburgers. We brought potato salad.

2. 세미콜론을 삽입합니다.

For our annual picnic, Tom and Jill brought hamburgers; we brought potato salad.

3. 다음 일곱 개의 접속사 중에 하나를 쉼표와 함께 삽입합니다. but, or, yet, so, for, and, nor.

For our annual picnic, Tom and Jill brought hamburgers, and we brought potato salad.

또 다른 형태의 무종지문은 쉼표의 오용comma splice입니다. 이는 두 가지 완전한 생각을 쉼표만으로 연결해 한 문장을 만드는 것입니다.

Jamal wanted to go to the ball game, his friend Jason wanted to see the new movie.

자말은 야구 경기를 보러 가길 원했고 그의 친구 제이슨은 새 영화를 보고 싶어했다.

위 문장을 읽어보면 쉼표 양쪽에 두 가지 완전한 생각이 있음을 알 수 있습니다. 앞서 언급한 세 가지 방법을 활용해 위 문장을 바로잡을 수 있습니다.

1. 마침표를 활용합니다.

Jamal wanted to go to the ball game. His friend Jason wanted to see the new movie.

2. 세미콜론을 활용합니다.

Jamal wanted to go to the ball game; his friend Jason wanted to see the new movie.

3. 접속사를 추가합니다.

Jamal wanted to go to the ball game, but his friend Jason wanted to see the new movie.

또한 세미콜론과 연결어 또는 연결어구를 추가할 수도 있습니다.

Jamal wanted to go to the ball game; however, his friend Jason wanted to see the new movie.

접속어와 접속어구

문장가들은 접속어 및 접속어구를 잘 활용합니다.(여러분에게 연결어 또는 삽입구라는 표현이 더 친숙할 수도 있습니다.) 접속어와 접속어구는 독자들에게 생각, 문장 또는 문단 간의 연관성을 보여줄 뿐만 아니라 여러분의 글을 더 매끄럽게 하는 데 도움을 줍니다. 다음 예문을 보겠습니다.

The blind date was a disaster. It was a complete debacle. I was intrigued by what my "friend" Sarah had told me about Bill; she had said that he was charming and was open to meeting someone new. He had recently seen me at a party and had wanted to meet me. Sarah said Bill was just my type. She said that he was an avid reader; we would have lots to talk about. He liked playing tennis; that was a plus for me. I had an earlier vow never to go out on another blind date. I agreed to meet Bill.

소개팅은 완전 실패였다. 참사라고 표현해도 될 것 같다. 소위 말하는 나의 '친구' 새라가 빌에 대해 나에게 얘기해준 것들이 내 호기심을 자극했다. 그녀는 그가 매력적이고 새로운 사람을 만나는 것에 대해 열린 마음을 가졌다고 했다. 그가 최근에 나를 파티에서 봤고 나를 만나고 싶어한다고 했다. 새라는 빌이 딱 내 타입이라 말했다. 그녀는 그가 독서를 좋아하고 서로 통하는 것이 많을 것이라 했다. 그는 테니스 치는 것을 좋아한다고 했는데 그것 또한 장점으로 작용했다. 나는 그 전에 다시는 소개팅 자리에는 안 나갈 것이라고 맹세했다. 나는 빌을 만나기로 했다.

윗글은 문법, 구두법, 맞춤법 측면에서는 아무런 문제가 없지만 글의 흐름이 끊기는 듯하며 지루합니다. 이제 접속어 및 접속어구(밑줄 친 부분)를 삽입한 아래글을 읽어보기 바랍니다.

The blind date was more than a disaster. In fact, it was clearly a complete debacle. At first, I was somewhat intrigued by what my "friend" Sarah had told me about Bill; namely, she had said that he was quite charming and also was open to meeting someone new. In fact, he had recently seen me in the distance at a party and had wanted to meet me. Besides, Sarah said, Bill was just my type. She said that he was quite an avid reader for one thing; therefore, we would have lots to talk about. In addition, he liked playing tennis; that was certainly a plus for me. So, in spite of my earlier vow never to go out on another blind date, I eventually agreed to meet Bill on Saturday.

소개팅은 실패 이상이었다. 실은 명백한 참사였다. 처음에는 소위 말하는 나의 '친구' 새라가 빌에 대해 나에게 얘기해준 것들이 어느 정도 내 호기심을 자극했다. 즉, 그녀는 그가 매력적이고, 더 나아가 새로운 사람을 만나는 것에 대해 열린 마음을 가졌다고 했다. 실은 그가 최근 파티에서 나를 멀리서 봤고 나를 만나고 싶어한다고 했다. 그 외에도 새라는 빌이 딱 내 타입이라 말했다. 그녀는 첫 번째로 그가 독서를 꽤나 좋아하므로 서로 통하는 것이 많을 것이라 했다. 덧붙여 그는 테니스 치는 것을 좋아한다고 했는데 그것 또한 장점으로 작용했다. 그래서 나는 그 전에 다시는 소개팅 자리에는 안 나갈 것이라고 맹세했음에도 불구하고 결국에 나는 빌을 토요일에 만나기로 했다.

훨씬 낫지 않나요? 접속어 및 접속어구들을 넣음으로써 한 생각에서 다음 생각으로의 흐름이 훨씬 매끄러워지고, 글 전체에 생동감이 생겨났습니다.

접속어 및 접속어구의 분류

접속어 및 접속어구는 활용되는 목적에 따라 유형이 나뉩니다. 아래의 유형별 목록은 여러분들이 접속사를 사용하고자 할 때 여러모로 유용할 것입니다.

- **첨가/일련의 연속적인 사건들**: additionally, afterward, again, also, and, and then, another…, besides, equally important, eventually, finally, first… second… third, further, furthermore, in addition, in the first place, initially, last, later, likewise, meanwhile, moreover, next, other, overall, still, too, what's more
- (언쟁을 끝내거나 상황을 개선하기 위한)**양보**: admittedly, although it is true that, certainly, conceding that, granted that, in fact, it may appear that, naturally, no doubt, of course, surely, undoubtedly, without a doubt
- **대조**: after all, alternatively, although, and yet, at the same time, but, conversely, despite, even so, even though, for all that, however, in contrast, in spite of, instead, nevertheless, nonetheless, nor, notwithstanding, on the contrary, on the other hand, or, otherwise, regardless, still, though, yet
- **예시/설명/강조**: after all, an instance of this, as an illustration, by all means, certainly, clearly, definitely, e.g., even, for example, for instance, for one thing, i.e., importantly, indeed, in fact, in other words, in particular, in short, more than that, namely, of course, of major concern, once again, specifically, somewhat, such as, that is, that is to say, the following example, this can be seen in, thus, to clarify, to demonstrate, to illustrate, to repeat,

to rephrase, to put it another way, truly, undoubtedly, without a doubt.

- **장소/방향**: above, adjacent to, at that point, below, beyond, close by, closer to, elsewhere, far, farther on, here, in the back, in the distance, in the front, near, nearby, neighboring on, next to, on the other side, opposite to, overhead, there, to the left, to the right, to the side, under, underneath, wherever
- **목적/인과관계**: accordingly, as a consequence, as a result, because, consequently, due to, for that reason, for this purpose, hence, in order that, on account of, since, so, so that, then, therefore, thereupon, thus, to do this, to this end, with this in mind, with this objective
- **조건**: almost, although, always, frequently, habitually, maybe, nearly, never, oftentimes, often, perhaps, probably, time and again
- **결과**: accordingly, and so, as a result, as an outcome, consequently, hence, so, then, therefore, thereupon, thus
- **유사성**: again, also, and, as well as, besides, by the same token, for example, furthermore, in a like manner, in a similar way, in the same way, like, likewise, moreover, once more, similarly, so
- **요약/결론**: after all, all in all, as a result, as has been noted, as I have said, as we have seen, as mentioned

earlier, as stated, clearly, finally, in any event, in brief, in conclusion, in other words, in particular, in short, in simpler terms, in summary, on the whole, that is, therefore, to conclude, to summarize

- 시간: after a bit, after a few days, after a while, afterward, again, also, and then, as long as, as soon as, at first, at last, at length, at that time, at the same time, before, during, earlier, eventually, finally, first, following, formerly, further, hence, initially, immediately, in a few days, in the first place, in the future, in the meantime, in the past, last, lately, later, meanwhile, next, now, on (a certain day), once, presently, previously, recently, second, shortly, simultaneously, since, so far, soon, still, subsequently, then, thereafter, this time, today, tomorrow, until, until now, when, whenever

CHAPTER 8

흔한 실수 피하기

최근 한 비공식 설문 조사를 통해 교열 담당자와 영어 선생님들이 가장 자주 접하는 문법 및 표현상의 오류를 조사했다고 합니다. 이번 장에서는 대표적인 문법 및 표현상 오류의 종류와 그러한 오류들을 범하지 않기 위한 방법을 제시할 것입니다.

먼저 우리는 상투적 표현, 반복된 표현, 장황한 문구와 (가장 피해야 할) 이중 부정문을 없애는 데에 집중할 것입니다. 그 다음에 교열 담당자와 영어 선생님들이 꼽은 오류들(가장 흔하게 나타나고 신경 쓰이는, 그러나 다행히도 충분히 피할 수 있는 오류)에 대해 알아보도록 하겠습니다.

상투적인 표현을 피하기

상투적인 표현이란 한마디로 얘기해서 어디서나 들었을 법한, 너무 자주 쓰이는 표현을 말합니다. 이러한 표현을 피해야 하는 이유는 간단합니다. 전혀 창의적이지 않고 진부하며 단조롭기 때문입니다. 예를 몇 가지 들어보도록 하겠습니다.

costs an arm and a leg
엄청난 돈이 들다

every cloud has a silver lining
쥐구멍에도 볕 들 날이 있다

put all your eggs in one basket
한 가지 일에 모든 것을 걸다

이 문구들은 영어를 조금이라도 아는 사람이라면 한번쯤 들어봤을 표현들입니다. 여러분의 글에서 상투적인 표현을 피하고 싶다면 이러한 표현들을 조금 더 직설적으로 고쳐 쓰면 됩니다. 예를 들어보겠습니다.

It was plain as the nose on his face that Drew wouldn't stick his neck out for anybody else.
드루가 다른 사람을 위해 모험을 하지 않을 것이란 사실은 명백했다.

위 문장에는 이미 두 개의 상투적인 표현 "plain as the nose on his face(명백하다)"와 "stick his neck out(모험을 하다)"이 포함되어 있습니다. 이러한 상투적 표현을 피하기 위해서는 아래와 같이 고쳐 쓰면 됩니다.

Plainly, Drew wouldn't take a risk for anybody else.
분명한 것은 드루가 다른 사람을 위해서 모험을 하지 않으리라는 점이다.

반복되는 표현을 없애기

불필요한 단어나 구절은 독자의 시간을 낭비합니다. 아래는 흔히 볼 수 있는 불필요한 표현들과 그것이 불필요한 이유입니다.

예시	불필요한 이유
advance planning	계획이란 언제나 미리 하는 것이므로 굳이 advance가 들어갈 필요가 없습니다.
ask the question	무언가를 묻는다는 것이 곧 질문한다는 것이기 때문에 굳이 question을 쓰지 않아도 됩니다.
assembled together	Assemble이란 단어 자체에 모이다라는 의미가 있습니다. 그러므로 together는 필요 없는 단어입니다.
cash money	Cash가 돈이 아닌 경우는 없습니다. money를 빼거나 그냥 money만 쓰면 됩니다.
combined together	Combined 자체에 결합한다는 뜻이 내포되어 있습니다. 그러므로 together란 단어는 필요가 없습니다.

each and every	두 단어는 의미가 비슷합니다. 하나를 삭제하기 바랍니다.
end result	결과는 언제나 끝에 오는 것입니다. 따라서 end는 필요가 없습니다.
fewer in number	Fewer 자체가 수가 적다는 의미이므로 굳이 number를 포함시킬 필요가 없습니다.
green in color	Green 자체가 색을 말하는 것이기 때문에 in color라는 표현은 삭제합니다.
large in size	Large가 이미 크기를 나타내므로 in size를 삭제합니다.
mix together	Mix 자체가 함께 섞는다는 뜻이므로 together를 삭제합니다.
month of May	오월이 달이라는 것은 누구나 아는 사실입니다.
rectangular in shape	Rectangular 자체가 모양을 나타내므로 in shape는 필요 없는 표현입니다.
same identical	Identical이 이미 똑같다는 뜻이기 때문에 same은 필요가 없습니다.
sum total	Sum이 곧 합계라는 뜻이기 때문에 total을 삭제합니다.

장황한 표현을 없애기

장황한 표현은 반복이 많은 글의 사촌 격이라 할 수 있습니다. 아래 목록은 흔히 볼 수 있는 장황한 표현들입니다. 이와 같은 표현을 여러분이 쓰고 있다면, 앞으로는 여러분의 글에서 불필요한 부분을 최대한 삭제하여 담백한 글을 쓸 수 있도록 하기 바랍니다. 더 자세한 목록은 부록 2를 참고하기 바랍니다.

불필요한 구절	추천하는 대체 단어들
a small number of	a few 어느 정도, 조금
due to the fact that	since, because …부터[이후], …때문에, …해서/니까
give consideration to	consider 사려/숙고하다
in a timely manner	promptly, on time 지체 없이, 시간을 어기지 않고, 정각에

until such time as	until …(때)까지
with regard to	concerning, about …에 관한 …에 대한(무엇의 '주제'나 '연관성'을 나타냄)

이중 부정

이중 부정은 부정 또는 반대 의사를 강조하기 위해 부정어를 두 번 사용한 경우를 말합니다. 다음 예문들을 보기 바랍니다.

After he was laid off, Hal realized that he didn't need none of the luxuries he'd become accustomed to.
정리 해고된 이후에 핼은 그간 익숙해진 사치품들이 아무 필요가 없다는 것을 깨달았다. (Didn't와 none 둘 다 부정어입니다.)

That man was not doing nothing but just standing there!
저 남자는 아무것도 하지 않고 그냥 저기에 서 있었다! (Not과 nothing 둘 다 부정어입니다.)

이중 부정을 피할 수 있는 가장 간단한 방법은 두 개의 부정어 중 하나를 바꾸는 것입니다. 예를 들어, 위 첫 번째 예문의 none을 any로 바꾼다면 문장이 한결 깔끔해질 것입니다.

After he was laid off, Hal realized that he didn't need any of the luxuries he'd become accustomed to.

이중 부정을 피하라는 규칙에도 예외는 있습니다. 긍정적 또는 미지근한 의미를 전달하고자 하는 경우입니다. 다음 문장을 읽어보기 바랍니다.

I was not unhappy with my recent raise.
나는 최근 급여가 인상된 것이 딱히 기분 나쁘지는 않았다.

이 문장을 보면, not과 unhappy가 함께 쓰이고 있습니다. 저자가 기분이 나쁘지는 않았지만 그렇다고 해서 좋지도 않았다는 의미가 내포된 표현입니다.

또한, 무언가를 강조하기 위한 구절을 쓸 때 이중 부정 용법이 허용됩니다. 아래 예문을 보기 바랍니다.

"I will not take a bribe, not today, not tomorrow, not any time in my life," the politician cried.
정치인은 "저는 오늘도, 내일도, 제 일평생 그 어느 순간에도 뇌물을 받지 않을 것입니다"라고 외쳤다.

설문 조사에 의하면

자주 접하는 문법 및 표현상의 오류를 물어보는 설문 조사에서 교열 담당자들은 문법, 맞춤법, 용법에 집중하는 반면에 영어 선생님들은 구체적인 표현 기법에 집중하는 경향이 있었습니다. 아래의 '불만들'을 통해 여러분의 글에서 무엇을 바꾸면 좋을지 알아보도록 합시다.

교열 담당자들의 불만 사항

1. **본문을 자르기, 복사, 붙여넣기 등을 할 때 단어들을 잘못된 위치에 놓거나 빠뜨리는 경우**

여러분의 글을 다시 읽어보기 바랍니다. 특히 문장의 일부를 자르거나 복사하여 붙여 넣은 부분을 읽어보세요. 제9장에 나오는 교정 기법들을 활용해서 더 효과적으로 글을 수정하기 바랍니다.

2. **능동태를 사용해야 적절하고 이해하기 쉬운 글에 수동태를 사용할 때**

수동태를 써야 하는 특별한 이유가 있지 않은 이상 능동태를 사용해서 문장을 다시 쓰기 바랍니다.

3. **아포스트로피의 오용**(특히 복수 또는 소유격으로 쓸 때)

여러분이 사용한 아포스트로피가 각각 축약으로써 또는 소유격으로써 적절하게 쓰이고 있는지 생각해보기 바랍니다. 특히 yours, his, hers, theirs, ours, its(it's만이 아포스트로피를 붙이며, 이는 오로지 it is란 의미입니다)에 사용되는 아포스트로피에 주의를 기울이기 바랍니다.

4. **쉼표와 관련된 문제**

흔히 하는 실수는 다음과 같습니다.

- 잘못된 위치에 있거나 부적절한 쉼표
- 월과 연도 사이에 삽입된 쉼표(September, 2001와 같이)
- 삽입 어구로 제시된 구절 뒤에 빠뜨린 쉼표(예를 들어 "George Bush, president of the United States said he … 미국 대통령 조지 부시는 이렇게 말했다. 그는 …")
- 제한적 관계사절과 비제한적 관계사절에서 오용된 쉼표(which 앞에 쉼표가 없거나 that 앞에 불필요한 쉼표 사용)
- 주어와 동사 사이에 삽입한 쉼표(예를 들어 "The speeding car, was seen going through a red light속도위반을 하는 차량이, 정지 신호를 무시하고 지나가는 것을 목격했다.")

5. **수의 불일치**(주어와 동사 또는 대명사와 선행사의 관계)

주어와 동사(또는 대명사와 선행사)를 유심히 살펴보고 그 둘의 수적 관계가 일치하는지 확인합니다.(복수 명사에는 복수 동사를 써야 합니다.)

6. **This를 주어로 쓰는 경우**(잘못된 This의 사용은 혼란을 야기할 수 있습니다)

This라는 대명사가 지칭하는 바를 명확히 해줘야 하기 때문에 주어로는 정확한 명사를 써주는 것이 바람직합니다.

7. **단어 선택의 실수**

- Which를 써야 할 때 that을 쓰거나 that을 써야 할 때 which를 쓰는 경우
- They're, their, there를 혼동할 때
- Your와 you're를 혼동할 때
- Between you and me를 between you and I로 쓰는 경우

선생님들의 불만 사항

1. **주제문을 파악하기 어려울 때**

문단 내에 있는 다른 문장들은 모두 주제문을 뒷받침하거나, 예시를 제시하며 주제문에 대한 상세한 설명을 해줘야 합니다. 어떤 문장이 위 역할을 하지 못한다면 삭제하기 바랍니다!

2. **문단과 문단, 또는 생각과 생각 사이의 연결이 미흡할 때**

본인이 쓴 글을 다시 읽으면서 주장이 전환되는 부분이 어디인지, 예시가 바뀌는 부분이 어디인지 파악한 후 적절한 접속사 또는 연결어구transitional phrases를 통해 연결시켜줘야 합니다.

3. **조각문일 때**

각각의 문장을 따로 읽어본 후 그 문장이 말이 되는지 생각해봐야 합니다. 만약에 말이 안 되면 불완전한 문장, 즉 조각문인 것입니다.

4. **글이 누구를 대상으로 하는지 명확하지 않을 때**

작가가 사용하는 어조가 청중 또는 독자가 아닌 다른 누군가를 대상으로 하는 실수 또한 자주 나타납니다. (예를 들어 "여러분들이 대학교 1학년 영어 강의를 들을 때…"라고 썼는데 정작 청중이 1학년 영어 강의를 듣지 않는, 강사들이 대상일 경우.)

5. **구어체를 부적절하게 사용할 때**

본인이 쓴 글을 읽어보면서 은어 또는 관용 표현이 있는지 살펴봅니다. 비격식체나 구어체를 요구하는 글이 아니라면 격식을 갖춘 형태로 바꾸기 바랍니다.

6. **화려하지만 내용이 없거나 문장이 아닌 표현non-sentences을 사용할 때**

여러분의 글에서 일반화된 표현, 상투적인 문구, 진부한 주장 등을 찾기 바랍니다. (예를 들면 “언어는 일상생활과 사회에서 중요합니다” 와 같은 문장.) 이러한 문장들은 좀더 더 구체적인 서술과 자세한 설명을 통해 진부하지 않은 표현으로 수정해야 합니다.

CHAPTER 9

본격적으로 작문하기:
초고 쓰기와 고쳐쓰기

대다수의 작가들이 그렇듯 여러분들도 글을 쓸 때 가장 어려운 단계가 글을 시작하는 일임을 경험했을 겁니다. 이번 장에서는 먼저 여러분의 생각을 정리할 수 있는 다양한 방법들을 제시하여 여러분의 펜이 (또는 컴퓨터 자판이) 움직일 수 있도록 도울 것입니다. 그다음에는 초고를 쓰는 단계로 넘어갈 것입니다. ('초고'라는 단어에 주목하기 바랍니다.) 더불어 초고를 완성한 후 글을 더 매끄럽게 다듬고 수정할 수 있는 여러 가지 팁 또한 제공하니 잘 활용하기 바랍니다.

이 장에 제공된 내용들을 활용해 여러분이 쓰는 글의 유형과 관계없이 최대한 세련되고 오류가 없는 글을 쓰기 위한 자신만의 글쓰기 과정을 개발하기 바랍니다.

도움이 되는 예비 단계

아래 소개된 기법들은 글을 쓰기 전 생각을 정리하는 단계에서 여러분의 아이디어를 기록하고 명료하게 하는 데 도움을 줄 것입니다. 물론 그 가운데 나중에는 필요가 없어질 아이디어가 있을 수도 있습니다. 하지만 괜찮습니다. 중요한 것은 여러분의 생각을 종이에 옮기는 것입니다. 그런 다음에 다시 되돌아가서 어떤 아이디어들을 가지고 갈 것인지 결정하면 됩니다.

집필 전 아이디어를 정리하는 단계에 앞서 여러분의 생각을 정리해둘 수 있는 한 가지 방법은 일기를 쓰는 것입니다. 아이디어가 떠오를 때마다 일기에 적어두는 것이죠. 그러면 초고를 쓸 때쯤 이미 몇 가지 아이디어를 갖게 될 것입니다.

1. **자유 글쓰기**freewriting는 아이디어를 떠올리는 데 가장 효과적인 방법 중 하나입니다. 먼저 페이지 상단에 여러분의 주제를 적습니다. 주제와 관련된 것들을 생각나는 대로(단어, 구절, 관용구, 완전

한 문장 등) 적어 두기 바랍니다. 제한 시간을 10분 정도로 정해놓고 시작하기 바랍니다. 이때 해서는 안 되는 것은

- 철자법이나 구두법에 신경을 쓴다.
- 일부러 아이디어를 분류하기 위해 시간을 쏟거나 노력한다.
- 무엇인가를 지우려고 한다.
- 주제로부터 벗어나면 걱정을 한다.
- 특정한 단어가 떠오르지 않으면 멈춘다. (이럴 때에는 ???, XXX와 같은 문자를 써 넣으세요.)

생각이 막혔다고 해도 종이 위에서 펜을 움직이는 것을 멈추거나 키보드에서 손을 떼면 안 됩니다. 이렇게 계속하다 보면 새로운 아이디어가 떠오를 가능성이 높습니다. 제한 시간이 끝난 후 본인이 쓴 내용을 살펴보기 바랍니다. 이때, 글의 방향과 가장 잘 맞는 내용들을 선택하고 아닌 것은 지웁니다. 그 다음에 다시 읽어보고 쓸 만한 아이디어의 주된 부분에 밑줄을 쳐보세요.

마음에 드는 아이디어들을 발전시키기 위해 위 과정을 반복해도 됩니다. 10분이라는 제한 시간이 있기 때문에 이 과정이 처음만큼 버겁지는 않을 것입니다.

2. **질문 던지기**는 아이디어를 개발하는 데 도움을 주는 또 하나의 방법입니다.

"여러분이 겪은 끔찍한 외식 경험에 대해 얘기해보세요"와 같이 매우 일반적인 주제가 주어졌다고 가정해봅시다. 이때, 기자들이 활

용하는 육하원칙에 따라 스스로 질문을 던지는 것부터 시작해볼 수 있습니다. (누가, 무엇을, 언제, 어디서, 왜, 어떻게?)

- 누가 참여했는가?

(당신과 당신의 데이트 상대인 매트)

- 그날 저녁이 끔찍해진 계기가 무엇이었는가?

(자리에 앉아 있는데 둘이 같이 아프기 시작했다.)

- 언제 일어난 일인가?

(2001년 어느 여름밤에)

- 어디에서 일어난 일인가?

(시애틀에 있는 샐리의 새우 가게)

- 왜 이런 일이 일어났는가?

(충분히 익히지 않은 수산물을 먹었기 때문이다.)

- 식당에서 그날 저녁은 어떻게 마무리되었는가?

(식당 주인이 다음에 다시 식당을 방문할 때 쓸 수 있는 무료 식사권과 상품권을 각각 1매씩 줬다.)

이외 '누가, 무엇을, 언제, 어디서, 왜, 어떻게'에 관련된 질문들을 스스로 물으면 그날 밤 무슨 일이 일어났는지에 관한 많은 세부 사항을 수집할 수 있을 것이며, 이를 통해 더 생생하게 묘사할 수 있을 것입니다.

3. 집필 전에 생각을 정리하는 방법 중 **클러스터링**clustering이라 불리는 전략('매핑mapping'이라고도 함)이 있습니다. 이를 활용할 때 여

러분들은 원과 선을 사용해 생각들을 연결합니다. 먼저 종이 한가운데에 원을 그리고, 그 안에 주제를 써 넣습니다. 그다음에 여러분의 주제와 관련된 단어나 관용구를 떠오르는 대로 써내려 갑니다. 새로운 생각이 떠오르면 새로운 원에 그것을 쓰고 주제를 써 넣은 원과 선으로 연결시킵니다. 마찬가지로 새로 그린 원으로부터 파생되는 아이디어는 또 다른 원을 그려 적은 후에 두 원을 선으로 연결시켜줍니다.

지저분해보인다고 걱정하지 않아도 됩니다. 또한 일부 원들을 연결시키지 못한 것에 대해 신경 쓸 필요도 없습니다. 생각이 막히면 '누가, 무엇을, 언제, 어디서, 왜, 어떻게'라는 질문에 대해 스스로 묻고 답해보기 바랍니다.

4. **개요**outline는 청사진과 같아서 여러분의 생각을 논리적으로 정리하는 데 도움을 줍니다. 개요 쓰기는 집필 전에 생각을 정리하는 과정에서 활용할 수 있는 방법이자 자유 글쓰기, 질문 던지기, 클러스터링 혹은 다른 기법을 통해 떠올린 아이디어를 정리할 때 활용할 수 있습니다.

대조 및 비교: 극장에서 영화 보기와 집에서 영화 보기

극장에서 영화를 보는 것과 집에서 영화를 보는 것에는 몇 가지 차이점과 유사점이 있습니다.

I. 차이점

A. 집

1. 자유로움

   a. 편안함

      (1) 원한다면 잠옷을 입고 시청할 수 있음

      (2) 어디에 앉아서 볼 것인지 선택할 수 있음

         (a) 가장 좋아하는 큰 안락의자에 앉을 수 있음

         (b) 바닥이나 소파에 누워서 볼 수 있음

   b. 시청할 수 있는 시간 선택의 폭이 넓음

      (1) 전화가 오면 멈춰 놓고 받을 수 있음

      (2) 화장실을 가야 하면 멈춰 놓고 볼일을 볼 수 있음

      (3) 음식이나 음료가 필요하면 멈춰 놓고 가지러 갈 수 있음

2. 음식이나 음료에 관한 제약이 덜함

   a. (집에서 무엇인가를 먹거나 마시면) 더 저렴함

   b. 음식이나 음료를 자유롭게 선택 가능

B. 영화관

1. 영화관 스크린이 훨씬 큼

2. 영화관에서 판매하는 팝콘이 더 맛있음

3. 볼 수 있는 날짜가 더 빠름

4. 더 나은 음향 효과

5. 더 많은 수용 인원(많은 사람이 함께 봐야 하는 경우)

6. 더 나은 청소 서비스(다른 사람이 쓰레기를 치워줌)

각 주표제어는 로마 숫자(I, II)로 시작됩니다. 로마 숫자 아래에 들여 쓰인 항목의 첫 글자는 대문자로 씁니다.('집Home' 그리고 '영화관Movie theater'.) 그리고 두 항목은 평행 구조로 씁니다.(이번의 경우 명사입니다.) 그 밑에는 아라비아 숫자들로 시작되는 들여 쓰인 항목들이 나오는데 첫 단어에는 비교급 형용사가 쓰입니다.(Greater, Fewer, Larger, Better, Earlier.) 세부 항목들은 소문자, 괄호 안의 숫자, 괄호 안의 소문자 순으로 쓰이며 각 하위 범주는 동일한 문법 형식으로 작성합니다.

이제 극장에서 영화를 보는 것과 집에서 영화를 보는 것의 유사점을 위와 동일한 방식으로 작성해보세요.

II. 유사점

A.

1.

a.

(1)

(2)

(a)

(b)

b.

2.

B.

초고

여러분의 아이디어를 어떤 형태로든 정리했다면 다음은 초고를 쓸 단계입니다. 이때 목표는 선생님, 상사, 편집자에게 제출할 수준의 글을 쓰는 것이 아니고 여러분의 아이디어를 완전한 문장들로 적어 두는 것까지입니다.

어떤 작가들은 이 단계에서 특정한 기법, 단어의 용법, 맞춤법에 대해 고민하는 것을 선호하며 어떤 작가들은 이런 작업을 나중에 하는 것을 선호합니다. 여러분이 선호하는 방법을 선택하면 됩니다. 이 시점에서 여러분이 집중해야 할 것은 글의 목적, 독자, 작문의 유형 그리고 구성 방식입니다.

목적을 정하기

대부분의 글쓰기는 주장을 입증하거나 질문에 답하거나 지시 사항을 전달하거나 생각해볼 거리를 던져주거나, 재미를 제공합니다. 글쓰기의 유형은 다음과 같습니다.

- 서술: 이야기를 들려줌
- 설명문: 무언가에 대해 설명을 하거나 정보를 제공함
- 묘사: 특정 사람, 장소, 사물에 대해 글로 표현된 그림을 제공함
- 정보 제공문 혹은 설명서: 데이터를 비롯한 정보를 제공함
- 생각을 나타내는 글: 작가의 생각이나 감정을 상세히 알림
- 논설문: 작가의 견해를 받아들이도록 독자를 설득함
- 분석적 글: 저자에게 제시된 자료를 검토함

논픽션의 경우, 구체적인 예시나 뒷받침해주는 세부 사항을 많이 활용할수록 글이 대체로 견고해집니다. 이상적인 휴양지에 대한 에세이를 위해 작성된 다음 문장을 보기 바랍니다.

England is a good place to visit.
영국은 방문하기 좋은 곳입니다.

위 문장을 읽었을 때 여행 가방을 싸고 싶다는 생각이 드나요? 아마도 그렇지 않을 것입니다. 하지만 위 문장에 몇 가지 세부 사항을 덧붙이면 좀더 효과적인 글이 됩니다.

From the jam-packed boulevards of cosmopolitan London, to the barely wide enough cobblestone paths of ancient

York, to the right-for-rambling lanes of Lake District villages, olde England crooks its finger and beckons me.
도로가 몹시 붐비는 국제적인 도시 런던부터, 겨우 지나갈 수 있을 정도로 좁은 자갈길을 가진 고대 역사 도시 요크, 그리고 구불구불 펼쳐지는 호수 지역 마을의 시골길까지 옛 영국이 나를 향해 오라고 손짓한다.

글의 목적이 무엇인지를 저자 스스로 아는 것도 중요하지만 독자들에게도 그것이 전달되어야만 합니다. 가급적이면 글의 시작 부분에 글의 목적을 드러내는 게 좋습니다. 예를 들어, 영국 방문에 관한 두 번째 예문을 읽으면 글의 뒷부분도 영국이 얼마나 매혹적인 곳인가에 관한 내용이리라고 독자들은 기대할 것입니다.

이처럼 글의 목적을 담은 문장을 중심 논점 또는 주장thesis statement이라 일컫습니다. 여러분이 쓰고자 하는 것이 주장하는 글이라면 글의 다른 모든 문장이 주장과 어떤 식으로든 연결되어 있어야 함을 명심하세요. 글을 다 쓴 다음, 각각의 문장이나 아이디어가 주장과 어떠한 관련 있는지 자문해야 합니다. 만약 관련이 없다면 그 문장 혹은 아이디어를 지워야 합니다.

책상 가까이 주장(중심 논점)을 크게 쓴 종이를 두는 것도 도움이 될 수 있습니다. 주장이 필요하지 않는 글이라고 해도 여러분의 목적을 한 문장으로 표현하는 것은 생각을 정리하는 데 도움이 될 것입니다.

독자를 예측하기

작가는 자신이 누구를 대상으로 글을 쓰는지, 즉 독자가 누구인지 알아야 합니다. 이를 염두에 두고 적절한 어조, 어휘 수준, 문체 등을 선택해야 합니다. 예를 들어, 항의서를 쓴다면 혼자서 쓰는 글이나, 사업용 또는 과제용으로 쓰는 글보다 더 공격적인 어조를 사용할 것이고, 아마도 다른 수준의 어휘를 쓸 것입니다. 더불어 어떤 글을 쓰는지에 따라 문체가 격식적이어지거나 매우 편안하게 바뀔 수도 있습니다.

독자를 고려할 때 다음 질문들을 생각해볼 수 있습니다.

- 독자의 연령대를 고려했을 때 어떤 수준으로 써야 하는지?
- 인용구, 주장을 뒷받침할 자료, 도표 및 그래프와 같은 추가적인 정보를 사용할 것인지?(이러한 정보들은 학술 논문이나 상업 문서를 쓸 때 필요할 수도 있습니다.)
- 지역적 특색이나 문화적 차이점을 고려한 설명이 필요한지?
- 특정한 성별을 대상으로 쓰는지, 또는 선호하는 정치적·종교적 사상이 있는지?
- 독자들의 직업은 무엇인지?
- 여러분이 쓰는 글에 대해 독자들은 어떤 요구 사항이 있는지?
- 독자들이 이미 알고 있는 정보는 무엇인지?
- 독자들이 모르고 있는 것은 무엇인지?

부적절한 유머, 잘난 체하며 가르치려 드는 태도, 허세를 부리는 듯한 인상으로 독자들을 모욕하면 안 된다는 것을 명심해야 합니다. 따라서 상황에 맞게 어조와 어휘를 조절해야 합니다.

일관된 문체로 쓰기

다음 단계는 활용할 문체 및 형식을 결정하는 것입니다. 학교나 직장에서 주어진 과제의 경우 문체는 이미 결정되었을 것입니다. 예를 들어 학교 과제로 최근에 발표된 세금 계획안에 대한 3쪽 분량의 비평문을 써야 하거나, 참석했던 회의에 관한 요약문을 회사에 제출해야 할 경우에는 정해진 문체가 있습니다. 특정한 문체가 요구된다면 반드시 그것을 따라야 합니다.

만약 어떤 문체와 형식을 써야 하는지 확실하지 않다면 과거에 성공적으로 쓰인 자료를 찾고 그것을 본보기로 삼아 여러분의 글을 쓰면 됩니다. 더불어 제목, 페이지 번호, 각 장의 제목, 인용구, 참고 문헌, 목차를 요구하는지도 확인해봐야 합니다. 만약에 해당 요소들이 요구된다면 지켜야 할 특정 양식이 있는지도 알아봐야 합니다.

고쳐쓰기

이제는 여러분의 글을 수정하면서 세부적인 조정을 하는 단계입니다. 교정은 단순히 맞춤법이 잘못된 단어와 잘못 삽입된 쉼표 한두 개를 찾는 것 이상을 요구합니다. 이는 큰 그림(구성, 목적, 어휘, 어조 등)을 포함해 구두법, 어법 및 맞춤법과 같은 세부적인 부분까지 살펴보는 것을 의미합니다.

이렇게 글의 질을 향상시키는 일은 시간이 걸리는 작업이며 보통 한 번 이상의 교정 과정을 통해 이루어집니다. (때로는 네다섯 번 해야 합니다.) 방금 언급한 내용을 읽고 충격을 받지 않았기를 바랍니다. 여러분의 글을 최고의 수준으로 끌어올리기 위해서는 편집 과정에 많은 시간을 할애해야 합니다.

기본적인 검토 사항

여러분의 글이 최상의 상태가 되도록 하기 위해 초고(또는 두세 번째 원고)를 검토할 때 고려해야 할 사항이 몇 가지 있습니다.

1. 이 글을 통해 무엇을 했어야 하는가? 먼저 글의 주제 및 글의 목적을 점검해보는 것이 좋습니다. 예를 들어, 사형 제도에 대한 반론을 펴야 했다면 그 주장을 지속적으로 유지했는지, 혹시 '반면에 on the other hand'를 활용해 정반대의 의견을 제공하기 시작하지는 않았는지?

2. 서론이 분명했는가? 결론은 효과적이었는가? 주제 혹은 중심 논점에서 벗어났는가? 이때, 도움이 되는 한 가지 방법은 본론 부분을 건너뛰고 여러분의 서론과 결론만을 읽어보는 것입니다. 그다음 두 부분이 같은 얘기를 하고 있는지 보기 바랍니다. 만약 같지 않다면 수정해야 합니다.

3. 논지가 요구되는 글의 경우, 이를 분명하게 서술했는가? 논지를 뒷받침하는 사실들이 논지와 연관되어 있는가?

4. 모든 정보를 일관되게 제시했는가? 요점을 뒷받침할 예시, 근거, 세부 사항을 충분히 제공했는가? 글에 예시들을 제공됐다면 각각의 예시가 왜 의미 있는지 설명했는가? 각각의 예시가 논리적인 순서로 서로 잘 연결되어 있는가? 무엇을 추가하면 여러분의 글이 더 강화될 수 있는가?

5. 예상 독자에 맞는 적절한 어조 및 단어를 썼는가?

6. 지정된 서식이나 문체를 충실히 지켰는가? 정해진 여백, 글꼴,

글자 크기, 간격 조건, 쪽 번호 등을 적용했는가?

7. 만약 문학 작품에 대한 글이라면 작가의 이름과 제목을 언급했는가? 인용 및 참고 문헌 작성 방법을 제대로 지켰는가?

세부 검토 사항

여러분의 글이 확고한 토대에 기반을 둔 탄탄한 구조를 가졌다는 확신이 들면 이제 더 면밀하게 들여다볼 차례입니다.

1. 문장들의 길이 및 구조가 다채로운가?

2. 여러분이 선택한 단어들이 간결하고 구체적이며 설명에 도움이 되는가?

3. 일인칭 혹은 이인칭 대명사(I, we, you, us)를 활용했는가? 이러한 대명사를 활용하는 게 여러분의 수업 또는 직장에서 적절한가? 일관된 인칭을 유지했는가?

4. 연관된 생각 또는 문장이 접속어나 연결어구를 요구하지는 않는가?

5. 가능한 부분에서 능동태를 썼는가? 이때 it, this, there와 같은 단어로 시작되는 문장들을 찾아보고, 이런 문장이 많을 경우 어구를 바꾸면 더 설득력 있는 문장이 됩니다.

6. 반복적으로 쓰였거나 부적절하게 사용된 단어를 대체할 동의어가 있는가? 이때, 사전이나 유의어 사전을 주저하지 말고 참고하기 바랍니다.

7. 부적절한 은어, 특수 용어 또는 상투적인 문구는 없는가?

8. 어떤 경우에는 특정 단어를 사용하지 말라는 지시가 있을 수 있습니다. 이러한 지시 사항이 있다면 해당 단어나 구절이 있는지 확인하기 바랍니다. (컴퓨터의 찾기 기능을 활용할 수 있습니다.)

여러분의 글을 놓고 위 사항들을 모두 확인해본다면 아마도 다시 써야 할 부분이 있을 것입니다. 수정해야 할 부분을 다시 읽어보고 퇴고하기 바랍니다. (한 번 이상의 교정이 필요할 것이라고 말했던 것 기억나시죠?)

마지막으로 검토하기

만세! 이제 거의 결승선에 도달했습니다. 글의 내용, 구성, 그리고 문장 구조를 체크했으니 이제 작고 사소한 오류들을 찾는 면밀한 교정을 한다면 여러분의 글의 완성도를 높일 수 있을 것입니다.

아래 조언들은 여러분의 눈이 여러분의 뇌보다 빠르지 않게 천천히 움직이도록 도움을 줄 것입니다. 다시 말해, 여러분이 썼다고 생각하는 글이 아니라 실제로 쓴 글을 객관적으로 읽는 것입니다.

1. 글을 소리 내어 읽어보세요. 소리 내어 읽을 때는 글을 더 천천히 읽어야 합니다. 그러면 묵독했을 때 놓칠 수 있는 문법적 오류 및 맞춤법 실수, 유사한 문법적 구조 문제들을 발견할 수 있습니다.

2. 거꾸로 읽어보세요. 끝에서 시작해서 마지막 문장을 읽고 그 다음에는 그 앞 문장을 읽는 방식으로 첫 문장까지 읽습니다. 역순으로 읽으면 오류를 더 쉽게 발견할 수 있습니다.

3. 과거에 가장 빈번하게 범했던 실수를 찾아봅니다. 예를 들어,

조각문때문에 힘들어 했다면 글을 다시 한번 살펴보고 각 문장을 면밀하게 검토하기 바랍니다.

4. 스스로 맞춤법을 체크합니다. 맞춤법을 검사하는 프로그램은 사전에 없는 단어만을 찾아냅니다. 오로지 맞춤법 오류를 찾기 위해 글을 한번 훑어보기를 권장합니다.

5. 시제를 확인합니다. 예를 들어 글을 과거 시제로 시작했다면 나머지 부분도 과거 시제로 써야 한다는 점에 주의하세요. (물론 인용된 자료는 포함되지 않습니다.)

6. 다른 사람에게 교정을 부탁하고 어떤 반응을 보이는지 확인해 보세요. 이 과정을 동료 검토peer editing라고 합니다. 여러분의 글을 검토하는 사람들로 하여금 최대한 비판적으로 읽어줄 것을 당부하고, 오류의 유형(맞춤법, 구두법, 어법, 기법, 구성, 명료성, 아이디어들의 가치까지)과 무관하게 지적해주도록 부탁해보세요. 만약 검토하는 사람이 글을 읽고 이해하는 데 어려움이 있었다면 추가적인 교정을 해야 할 것입니다.

CHAPTER 10

글의 구성: 에세이, 요약문, 보고서 등의 작성법

만약 어떤 스타일로 글을 써야 할지 혼란스럽다면 (수업을 위해서든, 직장을 위해서든, 개인적인 용도에서든) 이 장에 소개된 여러 가지 글쓰기 유형을 살펴보기 바랍니다. 이번 장에서는 몇 가지 유형들(짧은 에세이부터 초록 그리고 설명문까지)에 대해 안내합니다.

여러분이 어떤 주제에 대해 갖고 있는 모든 지식을 압축해서 간결한 에세이, 초록 또는 한 문단의 글을 쓰라는 과제가 주어질 수 있습니다. 하지만 걱정하지 마세요. 크게 심호흡을 해 보세요. 여러분은 할 수 있습니다. 먼저 짧은 글부터 시작하겠습니다.

한 단락 글쓰기

단일 단락의 글에서 가장 중요한 부분은 주제문topic sentence입니다. 문단의 중심 논점이 포함된 문장으로, (항상 그럴 필요는 없지만) 대부분 첫 문장이 됩니다. 더불어 주제문을 제외한 문장들은 어떤 형태로든 주제문을 뒷받침해야 합니다. 그렇지 않을 경우 삭제하기 바랍니다.

중심 내용을 뒷받침하기 위해서는 주제문에 대한 자세한 설명을 하거나, 주제문을 더 명확하게 하거나, 세부 사항 또는 증거 자료를 제공해야 합니다. 경우에 따라 끝부분에 문단의 중심 내용을 다시 언급, 정리 또는 강조하는 요약문을 쓰기도 합니다. 다음 문장을 읽어보기 바랍니다.

While April is the favorite time of year for many people, I dread it because my allergies are aggravated by blooming plants, I'm under a lot of pressure to get my taxes finished by the fifteenth, and I have to attend seven birthday parties for various family members.

4월은 많은 이들이 연중 가장 선호하는 시기일지 모르지만, 나에게는 두려운 시기다. 꽃이 피는 시기라 알레르기 증상이 악화되기 때문이다. 또한 4월 15일까지 세금 보고를 해야 해서 스트레스가 쌓인다. 그것도 모자라서 4월에는 가족들을 위한 생일잔치를 일곱 건이나 참석해야 한다.

위 주제문을 읽어보면 문단의 나머지는 알레르기, 세금 보고를 끝내야 하는 압박감, 그리고 여러 생일잔치에 참석해야 하는 부담감에 대한 세부 사항들을 제공할 것이라는 점을 알 수 있습니다. 문단 내에 접속어를 활용하는 것을 잊지 마세요. 접속어는 여러분이 서술한 여러 가지 아이디어, 요점들 간의 관련성을 독자에게 보여줍니다.

5문단 에세이

초보 작가라면 한 단락 글쓰기를 연습한 다음 5문단 에세이로 나아갑니다. 5문단 에세이는 소정의 형식을 따르는데, 도입 문단, 3개의 본론 문단, 그리고 결론 문단으로 구성됩니다.

단일 문단 글쓰기에서의 초점이 주제문이듯 5문단 에세이에서는 주장thesis statement, 즉 에세이 전체의 중심 논점이 글의 중심이 됩니다. 주장은 논쟁적일 수도, 설명적일 수도 있습니다. 또한 주장은 에세이의 나머지 부분을 요약해줘야 합니다. 이때, 그 주장이 5문단 에세이에서 다룰 수 있을 만큼 한정적인지도 확인해야 합니다.

도입 문단에서는 글의 중심 논점과 함께 본론의 문단들이 무엇에 관한 것인지를 분명하게 보여줘야 합니다. (어떤 선생님이나 글쓰기 안내서는 도입 문단의 첫 문장 또는 마지막 문장이 반드시 주장을 담은 문장이어야 한다고 명시합니다.) 또한 도입 문단에는 주장을 발전시키고 보강할 수 있는 문장들이 포함되어야 합니다.

본론 문단들은 주장을 뒷받침할 구체적인 내용들을 제공합니다.

각각의 본론 문단은 주제문을 포함해야 하며 여러분의 주장과 직접적으로 관련이 있어야 합니다. 다시 말하자면, 하나의 논거를 세 개의 본론 문단에서 각각 하나씩 전개시킬 수 있습니다. 어떤 작가들은 이 세 개의 논거를 주장을 서술하는 부분에 나열하는 것이 글의 초점을 명확히 하는 데 도움이 된다고 생각합니다. 다음 예문을 읽어보기 바랍니다.

> I will no longer fly Zebra airlines because their online reservation system is not reliable, their support staff is not helpful, and their departures and landings are rarely on time.
>
> 나는 더 이상 제브러 항공을 타지 않을 것이다. 제브러 항공의 온라인 예약 시스템은 불안정하고 고객 지원 직원들이 도움이 안 되며 이착륙이 정시에 이루어지는 것을 본 적이 거의 없기 때문이다.

위의 주장문thesis statement만 읽어도 독자들은 본론의 첫 문단에서는 예약 시스템에 대한 불만 사항을, 두 번째 문단에서는 고객 지원 직원들의 문제점을, 세 번째 문단에서는 신뢰할 수 없는 스케줄에 대해 설명할 것이란 사실을 알 수 있습니다. 주장문에 논거를 나열할 때 본론 문단의 순서와 동일하게 써야 하며, 접속어를 활용해서 이전 문단에서 언급한 내용과 다음 문단의 논거를 이어줘야 합니다.

결론 문단은 본론 문단에서 서술한 내용들을 요약합니다.(물론 표현을 달리해서 써야 합니다.) 이 문단에서는 이전 문단들을 요약해도 되고 각 논거들을 추가적으로 강조해도 됩니다. 단, 결론 문단에서 새로운 내용을 소개하지 않도록 주의해야 합니다.

어떤 작가들은 주장을 다시 서술하는 것으로 결론 문단을 시작합니다. 이럴 경우 In conclusion(끝으로) 또는 To summarize(요약하자면)와 같은 표현으로 시작해보기 바랍니다. 하지만 문단을 다 작성한 후에는 위 표현을 삭제하기 바랍니다. 왜냐하면 어떤 독자들은 이러한 표현을 진부하다고 생각하기 때문입니다.

초록

초록은 일반적으로 한 문단으로 구성됩니다. 여러분의 연구 혹은 원고의 방법론, 핵심적인 부분, 논거(또는 결론)를 요약합니다. 개요만으로도 전체 원고가 어떤 정보를 포함하고 있는지 독자들이 알아낼 수 있어야 합니다. 담당 교사, 출판사, 그리고 회사마다 다른 스타일을 활용하지만 일반적인 사항들은 다음과 같습니다.

- 단어 수에 제한이 있으면 최대한 그 범위 안에서 글을 써야 합니다. 제한된 단어 수에 가깝지만 넘지 않게 써야 합니다. 정해진 단어 수를 초과한 개요는 대다수의 경우 요약 형식 또는 특정 데이터베이스에 맞지 않기 때문에 거부됩니다.
- 주요한 발견 및 결론을 강조해야 하며 원고나 연구의 키워드들을 포함해야 합니다.
- 단어는 최대한 간결한 것을 선택하고 무관한 세부 사항은 삭제합니다.

논설문

논설문은 특정한 문제에 대해 본인의 입장을 밝히고 이를 뒷받침하는 증거를 제시하여 그 관점에 대해 더 상세히 서술하는 글입니다. 어떤 주장을 구성할 때 먼저 논거가 무엇인지 자문한 다음, 왜 그 특정한 논거가 중요한지 결정해야 합니다. 여러분의 관점이 받아들여질 경우 사회의 어떤 집단이 혜택을 받을 것인지, 특정 문제가 근절될 것인지, 비용이 절감될 것인지 등에 대해 생각해보는 것이 도움이 될 수 있습니다.

논쟁의 여지가 있는 문제를 다루어야 합니다. 그렇지 않으면 주장을 펼치는 것이 아닙니다. 다시 말하자면, 다음과 같은 글은 논설문이라 할 수 없습니다.

Cotton candy is mostly made out of sugar.

솜사탕은 설탕으로 만들어진 것이다.

이는 단순히 사실을 있는 그대로 말하는 것이기 때문입니다. 즉, 논쟁의 여지가 없습니다. 반면 사람들이 솜사탕을 더 먹어야 한다고 썼다면 논쟁의 여지가 있고, 본인의 주장을 펼칠 수 있습니다.

여러분의 주장을 뒷받침할 논거에 대해서도 심사숙고해야 합니다. 여러분의 주장이 왜 중요한지 그 이유를 생각해낼 수 없다면(또는 조사를 통해 이유를 찾을 수 없다면), 그 주장은 논리적으로 설명될 수 없는 것이므로 버려야 합니다.

논설문의 설득력은 작가가 자신의 논점을 지지하기 위해 사용하는 논거뿐만 아니라 반대론자들의 주장을 예측하고 객관적 견지에서 그들의 주장이 틀렸음을 입증하면서 생겨납니다.

인과관계 에세이

인과관계 에세이에서는 특정 사건이 어떻게 다른 사건을 초래하거나 다른 사건들로 이어지는지 살펴봅니다. 예를 들어, 미국이 제2차 세계대전에 참전한 이유에 대해 살펴본다면 직접적인 원인(진주만 공격)과 수년간에 걸쳐 쌓인 원인(미국과 독일 간 그리고 미국과 일본 간의 커져가는 적대감, 미국과 연합국들 사이의 유대감의 강화 등)에 대해 쓸 것입니다.

이때 여러분이 제시하는 원인과 결과가 실제로 연관이 있는지 확인해야 합니다. 예를 들어, 새 차를 구입했는데 이틀 후에 자동차 대리점에서 여러분이 구입한 모델의 가격을 낮췄다고 가정해봅시다. 대리점에서 진행하는 할인 행사는 여러분이 이 행사 전에 차를 구입한 것과 무관하기 때문에 인과관계가 없습니다.

다음 쪽의 접속어 및 접속어구들은 인과관계 에세이를 작성할 때 유용하게 쓸 수 있습니다.

accordingly	as a consequence	as a result
because	consequently	for this purpose
for that reason	hence	in order that
so	so that	then
therefore	thereupon	thus
to do this	to this end	with this in mind
with this objective		

비교 · 대조

비교·대조 글쓰기에서는 사람, 장소, 사건 등의 유사점과 차이점을 기록합니다. 너무 명백한 사실에 대해 서술하는 것은 피해야 합니다. (예를 들어 수성과 화성 두 행성은 태양 주위를 공전한다.)

두 사람(또는 장소, 작품)의 비교·대조가 흥미롭거나 유용한 정보를 제공하려면 독자들이 알지 못했던, 또는 생각하지 못했던 유사점과 차이점을 묘사·검토해야 합니다.

만약 과제가 비교만을 요한다면 대조는 하지 않도록 해야 합니다. (반대의 경우 역시 마찬가지입니다.) 만약 과제가 두 가지를 모두 요한다면 대략 동일한 분량으로 써야 합니다.

아래의 접속어 및 접속어구는 대조를 할 때 유용하게 쓸 수 있습니다.

after all	alternatively	although
and yet	at the same time	but

conversely	despite	even so
even though	for all that	however
in contrast	in spite of	instead
nevertheless	nonetheless	nor
notwithstanding	on the contrary	on the other hand
otherwise	regardless	still
though	yet	

유사점을 나타내는 접속어 및 접속어구는 아래와 같습니다.

again	also	and
as well as	besides	by the same token
for example	furthermore	in a like manner
in a similar way	in the same way	like
likewise	moreover	once more
similarly	so	

비 평

비평은 하나의 작품을 여러 가지 관점에서 검토하고 평가하는 글입니다. 누가 청탁했는가에 따라 요구되는 조건이 다르지만 아래 사항들은 반드시 포함되어야 합니다.

- 작품에 대한 충분한 배경지식(독자가 분석 대상이 되는 작품과 친숙해질 수 있도록)
- 작품이 쓰인 방식에 대한 설명
- 작품의 대략적인 논지 또는 개요

비평을 쓰고자 할 때 아래의 질문들이 도움이 될 것입니다.

- 작가의 약력에서 무엇이 중요한가?
- 작품의 목적은 무엇이며 작품의 어조, 구성 방식은 어떠한가?
- 작품을 어떻게 해석할 것인가? 어떻게 해석할 수 있는가?

- 작품 안에 부정확한 또는 불완전한 정보가 있는가?
- 작품이 어떠한 측면에서 성공적이었는가? 작가가 어떻게 성공적인 측면을 이끌어낼 수 있었는가?
- 작품이 어떠한 측면에서 실패했는가?
- 작가가 작품을 더 성공적으로 만들기 위해 무엇을 할 수 있었는가?
- 작품에 영향을 미친 역사적, 심리적, 지리적, 젠더적, 인종적, 문화적, 종교적 고려 사항들이 있는가?

만약 여러분이 문학 작품에 대한 비평을 쓴다면 작품의 주제, 작품 속의 상징, 심상, 비유적인 표현, 배경 그리고 등장인물들의 성격 묘사와 같은 요소들을 고려해야 합니다. 선생님, 편집자, 회사가 구체적으로 명시하지 않은 이상 비평을 쓸 때 1인칭 시점은 피해야 합니다. 대부분의 경우 작품에 대한 여러분의 개인적인 감상은 주제로 적합하지 않습니다.

일기

일기에 쓰는 내용은 매우 사적일 수도, 매우 객관적일 수도 있습니다. 그리고 그 양극 사이에 있을 수도 있습니다. 일기에 일과 관련된 단편적인 생각, 영감을 주는 흥미로운 구절, 심지어는 매일 먹는 음식들도 기록해도 됩니다. 또한 일상에서 일어나는 좀더 사적인 경험들에 대해 써도 됩니다.

어느 수업에서 일기를 요구할 경우 특정 주제에 대한 생각을 서술해야 할 수도 있습니다. 이런 경우에는 여러분이 쓴 일기 내용을 다른 사람들과 공유하는지 확인해야 하고, 공유할 경우 너무 사적인 내용은 쓰지 않는 편이 좋습니다. (여러분의 사생활을 만천하가 아는 것은 원치 않을 테니까요.)

서술형 에세이

서술형 에세이가 성공적으로 나오려면 이미지의 힘을 빌려야 합니다. 여러분이 주제로 삼은 것을 독자들이 보고, 듣고, 냄새 맡고, 맛보고, 느끼기 위해서는 여러분이 쓴 단어에 전적으로 의존할 수밖에 없습니다. 예를 들어보겠습니다.

> The unexpected spring storm sent sharp pellets of rain onto my face, forcing me to swallow the droplets as I panicked and screamed for help.
>
> 예상하지 못했던 봄 폭풍이 작은 총알 같은 빗방울을 내 얼굴에 뿌렸고, 겁에 질려 도움을 청하려고 소리치는 동안 나는 어쩔 수 없이 물방울을 삼키게 되었다.

이 문장을 읽으면 독자들은 비를 보고, 느끼고, 맛볼 수 있고, 비명 소리를 들을 수 있기 때문에 글쓴이가 처한 곤경이 머릿속에서 그림처럼 그려질 것입니다.

단편 소설이나 장편 소설에서 배경에 대한 묘사는 독자가 등장인물 또는 줄거리를 더 가깝게 느끼도록 합니다. 등장인물이 처한 환경을 감각하고 인식할 수 있기 때문입니다. 실화를 다룬 작품에서 묘사는 독자들에게 완성된 결과물이 어떻게 보여야 하는지(또는 어떤 느낌이어야 하는지, 어떤 맛이 나야 하는지, 어떤 냄새가 나야 하는지, 어떤 소리가 나야 하는지) 알려줍니다.

서술형 에세이는 세부 사항(디테일)에 달렸으니 아낌없이 쓰는 것이 좋습니다. 묘사는 다양한 감각과 관련되어 있기 때문에 형용사와 부사를 최대한 많이 사용하기 바랍니다. 또한 여러분이 활용한 동사를 살펴보고 더 서술적인 혹은 더 정확한 동사로 대체할 수 있는지도 생각해봐야 합니다. 예를 들어 "그 남자가 방 안으로 걸어 들어왔다"라고 쓰는 것보다는 남자가 어떻게 들어왔는지 독자들에게 더 자세히 보여주는 것이 좋습니다. 그 남자가 살금살금 걸어서 방으로 들어왔는지, 뛰었는지, 슬그머니 들어왔는지, 의기양양하게 걸었는지 등을 생각해보고 형용사와 부사를 첨가하기 바랍니다. 잘 차려 입은 남자가 숨을 가쁘게 쉬면서 종종걸음으로 방에 들어왔는지, 지저분하게 생긴 남자가 슬쩍 방으로 들어왔는지, 항상 지각하는 남자가 머뭇거리며 살금살금 걸어서 방으로 들어왔는지 생각해보세요.

서술어를 신중하게 선택하되 지나치지 않게 주의를 기울여야 합니다. 모든 명사가 형용사를 필요로 하지는 않는다는 것을 명심해야 합니다.(하물며 두 개, 세 개는 더욱 아닙니다.) 또한 모든 동사가 부사를 필요로 하지도 않습니다.

자전적 서사

자전적 서사autobiographical narrative, personal narrative란 인생에서의 주목할 만한 경험에 대해 들려주는 글입니다. 이런 형태의 이야기는 (일반적인 경우 1인칭으로 쓰이는데) 여러분의 인생에 영향을 준, 혹은 중요한 교훈을 준 사건을 중심으로 전개됩니다.

여러분에게 중요한 이야기일 뿐만 아니라 다른 사람들과 공유할 만한 가치가 있는 이야기에 초점을 맞춰야 합니다. 처음으로 자동차 운전대를 잡은 그 짜릿한 기분은 여러분은 기억하고 싶을지 몰라도 다른 사람들에게는 지루한 이야기일 수도 있습니다. 하지만 만약 중요한 교훈을 얻었거나(가령 속도위반 딱지를 안 받으려고 변명을 해서는 안 된다는 것을 깨달았다든지) 재미있는 일화가 있다면(고속도로에서 본인의 과실로 인해 충돌 사고가 났는데 충돌한 차량 안에 가장 좋아하는 영화배우가 타고 있었다든지) 자전적 서사로 발전시킬 수 있는 사건이 됩니다.

글의 구성을 발전시키고, 배경을 잘 설명하고, 등장인물이 돋보이도록 하기 위해서는 반드시 구체적인 세부 사항을 첨가해야 합니다. 이러한 노력은 사건의 재현에 도움을 줄 것이고 독자를 여러분의 이야기 속으로 끌어들이는 효과를 냅니다.

요약문

요약문précis(precise를 뜻하는 프랑스어)은 다른 작가의 글에 대한 분명하고 논리적인 요약 또는 적요입니다. 요약문은 원작의 핵심과 일반적인 개념을 포함해야 하지만, 여러분의 단어 및 표현을 써야 합니다. 요약문을 작성할 때는 다음 사항을 지켜야 합니다.

- 작가의 어조 및 관점을 밝힌다.
- 원작의 핵심어와 주요 논점을 포함한다.
- 원작을 설명하거나 뒷받침할 수 있는 자료들을 포함한다.
- 도입부나 보충 정보는 제외한다.
- 여러분의 목소리를 넣는다. (작가의 어조나 목소리를 모방할 필요는 없음.)
- 작가, 작품, 작가의 아이디어에 대한 본인의 의견을 기술하지 않는다.

일반적으로 요약문은 여러분이 요약하려는 원작 길이의 3분의 1보다 짧아야 합니다. 경우에 따라 요구되는 조건(분량 및 구성 방식 등)이 다르다는 것을 기억해야 합니다. 그러므로 명시된 요건이 있는지, 있다면 무엇인지 알아봐야 합니다.

과정을 설명하는 글

과정을 설명하는 글에는 입문서나 설명서가 있는데, 이는 단계별로 지시 사항을 제공하거나 특정한 변화나 동작을 설명합니다. 과정을 설명하는 글은 시간 순으로 서술해야 합니다.

과정을 설명하는 글을 쓸 때는 독자가 누구인지 규정하는 것이 중요합니다. 이는 여러분이 어떤 수준의 단어를 사용하고, 어느 정도로 자세하게 설명할 것인지를 결정하기 때문입니다. 예를 들어 타이어를 교체하는 과정을 설명하는 글에서 정비공이 독자인 경우에는 초보 운전자를 대상으로 하는 것보다 간략하게 서술될 것입니다.

만약 일반 독자를 대상으로 한 글이라면 헷갈릴 만한 것들이나 그들에게 익숙하지 않을 것이라 여겨지는 사항들에 대해서는 충분한 설명을 제공해야 합니다. 해당 과정을 아이들에게 어떻게 설명할 수 있을지 생각해보기 바랍니다. 그다음 여러분이 쓴 글을 다시 읽어보고 아이들에게 친숙하지 않은 단어나 개념이 있다면 간단한 설명을 덧붙이기 바랍니다. (단, 가르치는 듯한 태도를 취하면 안 됩니다.) 치수를 언급할 때는 정확한지 확인해야 합니다. 만약에 여러분이 "혼합물에 퇴비를 조금 사용하기 바랍니다"라고 썼을 때, 여러분이 1갤런의 의미로 '조금'이라는 표현을 사용했다고 하더라도 독자들은 테이블스푼 하나 분량이라고 생각할 수 있습니다.

접속어 및 접속어구는 독자가 각 단계를 시간 순서대로 보도록 하고(next, after that, finally), 재료의 위치(above, beside that, to the right)를 확인하는 데 도움을 준다는 사실을 기억하세요.

지정된 시점(과정을 설명하는 글은 보통 2인칭 시점으로 쓰입니다), 글머리 기호의 사용법, 그리고 삽화, 도표, 사진에 대한 규정이 무엇인지도 알아봐야 합니다.

비즈니스용 글과 기술적인 문서

비즈니스용 글이나 기술적인 문서를 작성할 때에는 해당 분야와 관련된 미세하고 세부적인 사항이 많을 것입니다. 또한 업무상 작성하는 글은 해당 기관에서 요구하는 특정한 표현법이 있을 것입니다. 하지만 일반적으로 비즈니스용 글 및 기술적인 문서는 다음 다섯 가지 부분에 초점을 맞춰야 합니다. 바로 독자, 명료성, 간결성, 어조 그리고 정확성입니다.

첫째, 여러분이 정보를 제공하는 이가 누구인지 고려해야 합니다. 일반 대중을 대상으로 쓰는 글과 사업 관계자에게 쓰는 글은 다른 관점에서 접근해야 합니다. 때로는 "이것이 사용설명서입니다"와 같은 기본적인 어조를 써야 합니다. 때로는 (가령 사업상 거래를 행할 때) 이보다 더 격식을 차려야 합니다.

둘째, 여러분의 글이 간단명료한지 확인해야 합니다. 독자에게 친숙한 어휘를 쓰기 바랍니다. 만약 독자에게 익숙하지 않은 단어나 개념을 소개해야 한다면 (전문 용어를 쓰지 않고) 쉽고 분명한 말로 설명해야 합니다.

셋째, 가능한 한 명료하게 작문을 한 다음, 처음부터 원고를 읽어보고 더 간결하게 할 수 있는 부분들이 있는지 확인해보기 바랍니다. 독자는 긴 글보다 짧은 글을 더 쉽게 읽고 더 잘 기억할 것입니다.

마지막으로 여러분의 철자법, 구두법, 단어의 용법을 확인, 재확인, 또 확인해야 합니다. (직장의 정수기 옆에 모여서 하는) 동료에 관한 수다에 여러분이 쓴 글이 화젯거리가 되지 않도록 주의하기 바랍니다.

연구 논문

연구 논문을 쓸 때 여러분은 다양한 자료 조사, 조사한 자료에 대한 해석, 주장 전개, 결론 도출, 인용 등을 통해 특정한 주제에 대해 탐구합니다. 연구 논문은 여러분이 써야 하는 가장 긴, 그리고 감히 말하자면 할 일이 가장 많은 글이라 할 수 있습니다.

연구 논문에는 두 종류가 있습니다. 각종 이슈들을 조사하고 평가하여 증거를 제공하는 '분석적 논문', 그리고 여러분의 논점을 지지할 수 있는 증거를 제공하여 독자들이 여러분의 논점이 옳다는 것을 설득하는 '논증적 논문'이 있습니다.

연구 논문은 다양한 형식으로 쓸 수 있습니다. 그러므로 따라야 하는 특정한 참고 문헌 작성법이 있는지 알아봐야 합니다. 가장 일반적으로 쓰는 두 가지 양식은 MLAModern Language Association 양식과 APAAmerican Psychological Association 양식입니다. 각각은 *MLA Handbook for Writers of Research Papers*(연구 논문 저자들을 위한 MLA 안내서)와 *Publication Manual of the American*

Psychological Association(미국 심리학회 출판 지침서)에 자세히 설명되어 있습니다. 참고할 만한 다른 책들을 소개합니다.

- *A Manual for Writers of Term Papers, Theses, and Dissertations*, by Kate L. Turabian. (Chicago, IL: University of Chicago Press, 1966.) (『영어논문 바로쓰기-케이트 트레이비언의 '시카고 양식' 제8판』, 웨인 부스 외 지음, 강경이 옮김, 시대의창, 2019.04.29)
- *The American Medical Association Manual of Style: A Guide for Authors and Editors*, by C. L. Iverson, A. Flanagin, P. B. Fontanarosa, et al. (Baltimore, MD: Williams & Wilkins, 1998.)
- *The Chicago Manual of Style: The Essential Guide for Writers, Editors, and Publishers*, John Grossman (preface). (Chicago, IL: University of Chicago Press, 1993.)
- *Effective Writing: Improving Scientific, Technical, and Business Communication*, by Christopher Turk and John Kirkman. (New York, NY: E. & F.N. Spon, 1989.)
- *Form and Style: Research Papers, Reports, Theses*, by Carole Slade. (Boston, MA: Houghton Mifflin Company, 1999.)
- *Good Style: Writing for Science and Technology*, by John Kirkman. (New York, NY: Chapman & Hall, 1992.)
- *Scientific Style and Format: The CBE Manual for Authors,*

Editors, and Publishers, by Edward J. Huth. (New York, NY: Cambridge University Press, 1994.)

다음은 연구 논문을 쓸 때 피해야 할 일반적인 사항들입니다.

- 너무 광범위한 주제(예를 들어 '목성: 다섯 번째 행성' 또는 '미국인들은 왜 영화를 즐기는가?')
- 정해진 단어 수 혹은 쪽수 제한에 부합하지 않는 글
- 서체, 글자 크기, 자간, 행간, 여백 크기 기준을 따르지 않는 글
- 표절한 내용이 포함된 글
- 규정된 인용문 양식을 따르지 않는 글

최종 원고 마감 이전에 먼저 제출해야 하는 자료가 있는지, 그 자료들의 제출 일정은 어떻게 되는지 확인해야 합니다. 어떤 선생님은 연구 논문을 쓰는 여러 단계에 각각 성적을 매깁니다. 이러한 단계에는 다음과 같은 것들이 있습니다.

- 주제 결정
- 논문 제안서
- 관련 내용(정보)을 기록한 노트
- 논문의 개요
- 다양한 형태의 원고
- 참고 문헌 목록에 대한 정보 및 각주 양식

논평

논평review을 쓰는 방법에는 여러 가지가 있지만 공통점은 여러분의 의견을 개진하고 그 의견을 뒷받침하거나 설명해야 한다는 것입니다. 비평적 평가를 담은 글을 쓰는 것이기 때문에 여러분이 정한 주제의 주목할 만한 측면과 결점에 대해 언급해야 할 뿐 아니라, 왜 높은(아니면 낮은) 점수를 주었는지에 대해서도 설명해야 합니다.

항상 독자를 염두에 둬야 합니다. 예를 들어 새로운 음식점에 대한 평가를 한다면 독자가 요리 전문 잡지를 읽는 사람들이냐 아니면 일반 대중이냐에 따라 특이한 메뉴에 대한 설명이 달라져야 합니다. 일반 대중이 독자라면 더 상세한 설명을 해야 할 것입니다.

논평에서 다뤄야 할 이슈가 지정되는 경우도 있을 수 있습니다. 여러분이 쓰고자 하는 논평과 비슷한 문체와 구성 방식을 가진 논평을 다양한 잡지, 신문, 학술지에서 찾아 읽어볼 것을 권장합니다.

부록 1

흔히 틀리는 단어 1001개

abdicate	absence	academically
accelerator	accessible	acclaim
acclimated	accommodate	accompanied
accomplish	accordion	accumulate
achievement	acknowledge	acoustics
acquaintance	acquitted	acute
adequately	adjacent	adjective
admission	admittance	adolescent
adultery	advantageous	adverb
advertisement	aerial	aerobic
aggravate	algebraic	alleged
allegiance	alliance	alliteration
allotting	almanac	already
altogether	amateur	ambassador
among	analogy	analysis
analyze	anecdote	angle
annihilate	annual	annul
antagonist	antithesis	apartheid
apartment	apologetically	apparatus
apparent	appearance	appositive
aptitude	arguing	argument
arrangement	ascend	aspirin
assessment	associative	assonance
asterisk	atheist	athletics
attendance	attitude	autumn
auxiliary	awfully	bachelor

balance	ballet	balloon
bankruptcy	barbarian	barbaric
barbecue	barbiturate	bargain
basically	battalion	bazaar
beautiful	beggar	beginning
behavior	beneficial	benefited
bilingual	biography	biscuit
bisect	bizarre	blasphemy
bologna	bookkeeper	bouillon
boulevard	boundary	boycott
bracelet	brackets	buffet
buoyant	bureaucrat	burial
calculation	camouflage	candidate
cantaloupe	caramel	caravan
carburetor	caricature	caring
cartographer	catalyst	catapult
catastrophe	category	cellar
centimeters	chagrined	challenge
changeable	changing	character
characteristic	chassis	chastise
chocolate	chord	chrome
chromosome	chunky	cigarette
cinnamon	circumference	circumstantial
citizen	cliché	climbed
cliques	coefficient	coherence
coincide	collectible	colonel
colony	colossal	column
coming	commingle	commission
commitment	committed	committee
communication	commutative	comparative

compatible	compelled	competent
competition	complementary	completely
complexion	composite	concede
conceit	conceivable	conceive
condemn	condescend	conferred
congratulations	congruent	conjunction
connoisseur	conscience	conscientious
conscious	consensus	consequences
consistency	consolidator	consonance
constitution	consumer	continuous
contraction	controlled	controller
controversial	controversy	convection
convenient	coolly	coordinates
corollary	corporation	correlate
correspondence	counselor	courteous
courtesy	criticism	criticize
crowded	crucifixion	cruelty
curriculum	curtail	cyclical
cylinder	dachshund	daughter
debacle	decadent	decagon
deceit	deep-seated	deferential
deferred	definitely	dependent
depose	descend	describe
description	desirable	despair
desperate	detrimental	devastation
develop	development	diagonal
diameter	dictionary	difference
dilettante	diligence	dimension
dining	disappearance	disappoint
disastrous	discipline	discrimination

disdainfully	disguise	dispel
dispensable	dissatisfied	disservice
distinguish	diversified	dormitory
drugged	drunkenness	easily
economy	ecosystem	ecstasy
efficiency	eighth	either
electrolyte	electromagnet	elegy
elevation	eligible	eliminate
ellipsis	embarrass	emigrate
eminent	emperor	emphasize
empire	employee	empty
enamel	encouragement	encouraging
endeavor	enemy	enormous
enthusiastically	entirely	entrance
equality	equator	equipped
espionage	espresso	essential
exaggerate	excellence	excess
exercise	exhaustion	exhibition
exhilarate	expansion	experience
experiment	exponent	expression
extinct	extraneous	extremely
extrovert	exuberance	factor
fallacious	fallacy	familiarize
fantasy	fascinate	fascination
fascism	favorite	feasible
federation	feisty	felicity
feminine	fiction	fictitious
financially	financier	fiscal
fission	fluent	forcibly
foreign	foresee	foreshadowing

forfeit	formula	forty
fourth	frantically	frequency
fudge	fulfill	fundamentally
galaxy	gauge	genius
geography	government	governor
grammatically	grandeur	graphic
grievous	grizzly	grocery
guarantee	guerrilla	guidance
gyration	handicapped	happily
harass	heinous	heist
hemorrhage	heredity	heritage
heroes	hesitancy	hexagon
hierarchy	hieroglyphics	hoping
horizontal	hospital	humorous
hygiene	hyperbole	hypocrisy
hypocrite	hypotenuse	hypothesis
ideally	idiom	idiomatic
idiosyncrasy	ignorance	illogical
imaginary	imitate	immediately
immigration	immortal	implement
inaudible	incidentally	incredible
indicted	indispensable	individually
inequality	inevitable	influential
information	ingenious	initially
initiative	innocent	innocuous
inoculate	instantaneous	institution
insurance	insurgency	intellectual
intelligence	intercede	interesting
interfered	interference	interjection
interminable	intermittent	interrogate

interrupt	intricate	introduce
introvert	invertebrate	irony
irrelevant	irresistible	irritable
isosceles	isthmus	jealousy
jewelry	journalism	judicial
jugular	kaleidoscope	kerosene
kindergarten	kinetic	laboratory
laborious	lapse	larynx
latitude	legitimate	length
lenient	liaison	library
license	lieutenant	lightning
likelihood	likely	limerick
lineage	liquefy	literature
llama	longitude	lose
lounge	lovely	luxury
lyric	magistrate	magnificence
mainland	maintain	malicious
manageable	manufacture	mariner
martyrdom	mass	mauve
meadow	mean	meanness
median	medieval	mediocre
melancholy	melodious	metallic
metaphor	mien	migratory
mileage	millennium	millionaire
miniature	minute	mischievous
misnomer	missile	misspelled
monarchy	mosquitoes	mundane
municipal	murmur	muscle
myriad	mysterious	myth
mythology	naïve	narcissism

narrative	nationalism	naturally
necessary	necessity	neighbor
neurotic	neutral	neutron
nineteen	ninety	ninth
nonpareil	noticeable	novelist
nowadays	nuclear	nucleus
nuisance	nutrition	nutritious
oasis	obedience	obsolete
obstacle	obtuse	occasionally
occurred	occurrence	octagon
official	omission	omitted
onomatopoeia	opaque	opinion
opossum	opponent	opportunity
oppose	opposition	oppression
optimism	optimistic	orchestra
orchid	ordinarily	origin
originate	outrageous	overrun
oxymoron	pageant	pamphlet
panicky	panorama	paradox
paralysis	paralyze	parenting
parliament	particular	pastime
patronage	pavilion	peaceable
peasant	pedestal	peers
penetrate	penicillin	peninsula
pentagon	perceive	performance
perimeter	permanent	permissible
permitted	permutation	perpendicular
perseverance	persistence	personal
personality	personification	personnel
perspiration	persuasion	pessimistic

pharaoh	pharmaceutical	phenomenon
Philippines	philosophy	physical
physician	picnicking	pilgrimage
pitiful	pixie	pizzazz
placebo	plagiarism	plagiarize
plague	planning	plausible
playwright	pleasant	pneumonia
politician	polygon	polyhedron
portray	Portuguese	possession
possessive	possibility	postscript
potato	potatoes	power
practically	prairie	precede
precedence	precipitation	precision
precocious	predicate	preference
preferred	prefix	prehistoric
premier	premiere	preparation
preposition	prescription	presence
prestige	presumption	prevalent
prime	primitive	prism
privilege	probability	probably
probation	procedure	proceed
professor	prognosis	prominent
pronounce	pronunciation	propaganda
propagate	protagonist	protein
proximity	psalm	psychoanalysis
psychology	publicly	pumpkin
pursue	puzzling	pyramid
pyrotechnics	quadrant	quadrilateral
quadruple	qualify	qualms
quandary	quantity	quarantine

quell	quench	querulous
query	quest	questionnaire
queue	quibble	quiescent
quinine	quintessentially	quipster
quizzes	quorum	quotation
quotient	radioactive	rampage
rampant	rampart	rarefy
ratio	realistically	realize
realtor	rebellion	recede
receipt	receive	receiving
reception	recession	reciprocals
recognize	recommend	rectify
reference	referred	referring
reflections	refraction	regiment
rehearsal	reign	reimburse
reincarnation	relieve	relieving
religious	remembrance	reminiscence
remittance	repetition	representative
repugnant	resemblance	reservoir
resistance	resources	responsibility
responsibly	restaurant	restoration
resume	retaliate	retrospect
reveal	rheumatism	rhombus
rhyme	rhythm	rhythmical
ridiculous	rotary	rotations
sacrifice	sacrilegious	safari
safety	salami	salary
sanitize	sarcasm	satellite
satire	saturate	scalene
scenery	schedule	scholastic

scrimmage	secede	sediment
segregate	segue	seismic
seismograph	seize	sensitive
sensory	sentry	sequence
sergeant	serpent	severely
shady	shameful	Shanghai
shepherd	sherbet	sheriff
shining	shish kebab	shrewd
siege	significance	simian
similar	simile	siphon
situation	skeptical	skimp
skinned	soliloquy	sophomore
souvenir	spasmodic	specifically
specimen	sphere	sponsor
spontaneous	stalemate	stamen
statistic	statistics	statue
stimulus	stopped	straitjacket
strategy	strength	strenuous
stretch	stubbornness	studying
stupefy	subcontinent	submersible
subordinate	succeed	success
succession	sufficient	summary
summed	superintendent	supersede
supervisor	supplementary	supposed
supposition	suppress	surround
surroundings	susceptible	suspicious
sustenance	Swedish	swelter
syllable	symbolic	symmetrical
sympathy	symphonic	synchronize
syncopation	synonymous	synopsis

synthesize	syringe	tachometer
taciturn	talkative	tangent
tangible	tapestry	tariff
technical	technique	technology
temperamental	temperature	tenant
tendency	terminator	terrain
tertiary	themselves	theology
theoretical	theories	therefore
thermal	thermodynamic	thesaurus
thorough	though	thought
through	tolerance	tomorrow
tortoise	tournament	tourniquet
traffic	tragedy	transcend
transferring	transitory	transparent
trapezoid	tried	trough
trousers	truly	twelfth
tyranny	ukulele	unanimous
undoubtedly	universal	unmistakable
unnatural	unnecessary	unscrupulous
usually	utopian	vaccine
vacuum	vagabond	valedictory
valuable	variation	vaudeville
vehicle	vendor	veneer
vengeance	ventriloquist	venue
veracity	versatile	vestige
village	vinegar	violence
visage	visible	warrant
warring	warrior	watt
weather	welcome	wherever
whether	whisper	whistle

whittling	wholesome	withhold
woman	women	wreak
writing	written	wrongful
wrung	xylophone	yacht
yawn	yea	yeah
yuppie	zenith	zephyr
zinnia	zodiac	zoological
zoology	zucchini	

부록 2

장황한 관용구를 대체할 추천 단어

장황한 관용구	대체 단어
a considerable number of	many
a number of	some, several
adverse impact on	hurt, set back
affords the opportunity of	allows, lets
along the lines of	like
am of the opinion	think
are of the same opinion	agree
arrived at the conclusion	concluded
as a consequence	because
as a matter of fact	in fact
as a means of	to
ascertain the location of	find
at the present time	currently, now, today
at this point in time	now
based on the fact that	because
be aware of the fact that	know
came to a realization	realized
come to an agreement	agree
concerning the matter of	about, regarding
conduct an investigation (or) experiment	investigate, experiment
considering the fact that	because, since
despite the fact that	although, though
draw to your attention	to show, point out
each and every one	each, all

extend an invitation to	invite
for the reason that	because, since, why
give an indication of	show
has a requirement for	requires, needs
has the ability to, has the capacity for	can
if conditions are such that	if
in a position to	can, may, will
in addition to	besides, beyond, and, plus
in all likelihood (or) probability	likely, probably
in an effort to	to
in close proximity to	near, close, about
in large measure	largely
in light of the fact that	since, because
in spite of the fact that	although, despite
in the absence of	without
in the course of	during, while, in, at
in the event of (or) that	if
in the final analysis	finally
in the majority of instances	usually
in the midst of	during, amid
in the neighborhood of	near, close, about
in the very near future	soon
in this day and age	currently, now, today
in view of the fact that	because, since
is aware of the fact that	knows
it is imperative that we	we must
it is my understanding	I understand
it is often the case that	often

make a decision	decide
make a purchase	buy
make an application	apply
make an inquiry regarding	ask about, inquire about
notwithstanding the fact that	although
on the grounds that	because, since, why
one of the	a, an, one
owing to the fact that	because, since, why
place a major emphasis on	stress
take into consideration	consider
that being the case	therefore
the fact that	that
through the use of	through, by, with
to a certain degree	somewhat
under circumstances in which	when

부록 3

유용한 문법 및 작문 웹사이트

Grammar Bytes! Interactive Grammar Review

www.chompchomp.com/menu.htm

콤마 및 불규칙 동사에 관련된 연습 문제와 문법 용어 목록을 제공하는 사이트

FunBrain.com

www.funbrain.com/spell/index.html

어린 학생과 부모님을 위한 사이트로, 다양한 난이도의 철자 퀴즈를 제공하는 사이트

Bartleby.com

www.bartleby.com

사전, 백과사전, 동의어 사전, 영어의 어법 관련 여러 가이드를 제공하는 사이트. 고전 시와 문학을 검색할 수도 있다.

Merriam-Webster Online

www.m-w.com/home.htm

대학생용 사전 및 동의어 사전 검색 기능, 오늘의 단어, 단어 게임을 제공하는 사이트

The Only
Grammar Book
You'll Ever Need
한국어판

초판 인쇄 2020년 7월 10일
초판 발행 2020년 7월 17일

지은이 수전 서먼
옮긴이 윤병엽
펴낸이 강성민
편집장 이은혜
기획 노만수
편집 이여경
마케팅 정민호 김도윤 고희수
홍보 김희숙 김상만 지문희 우상희 김현지

펴낸곳 (주)글항아리 | **출판등록** 2009년 1월 19일 제406-2009-000002호
주소 10881 경기도 파주시 회동길 210
전자우편 bookpot@hanmail.net
전화번호 031-955-1936(편집부) 031-955-2696(마케팅)
팩스 031-955-2557

ISBN 978-89-6735-803-7 03740

글항아리는 (주)문학동네의 계열사입니다.

이 도서의 국립중앙도서관 출판예정도서목록(CIP)은 서지정보유통지원시스템 홈페이지
(http://seoji.nl.go.kr)와 국가자료종합목록 구축시스템 (http://kolis-net.nl.go.kr)에서
이용하실 수 있습니다. (CIP제어번호 : CIP2020026835)

잘못된 책은 구입하신 서점에서 교환해드립니다.
기타 교환 문의 031-955-2661, 3580

www.geulhangari.com